非暴力正念溝通　活出生命力量

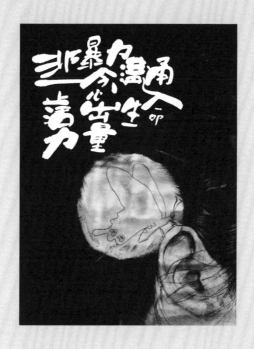

張仕娟

Fr. Christlin P. Rajendram

著

書稿編輯：何惠珠

封面設計：了了 × 舒法一下

非暴力正念溝通　活出生命力量

作者：張仕娟、Fr. Christlin P. Rajendram

出版：正念喜悦生活有限公司

電郵：mindfuljoyfulliving@gmail.com

印刷：陽光（彩美）印刷有限公司

版次：2021年5月初版

國際書號：978-988-75715-0-6

目錄

序一

建設一個非暴力溝通文化的香港

　　這是一本很應時的書。

　　香港經歷了 2019 年社會動盪所衍生的社會撕裂，思想分歧和人際對立，多少家庭，多少曾是好友，一夜間，反目、割席，從此成了陌路；一下子，人與人之間，少了信任，多了猜疑；突然間，曾大家相安的群體，分裂成不同顏色的小眾，從此不相往來；一句話，可以被不同立場不同顏色的人解讀為一種冒犯，從而大動干戈，彼此討伐！2020 年病毒肆虐全球，無人倖免。香港的失業人數飆升，生計受挫，五分之一的香港人活在貧窮線下。焦慮、無奈、怨氣……在蔓延。國安法的訂立，對某些人來說，是撥亂反正，正本清源的良機，對另一邊廂的人而言，則是民主已死。心懷恐懼，就算客觀條件並不充裕，也想遠走他鄉；至於想走但走不得的，則留下繼續發酵。這是香港開埠以來，最大的集體心靈黑夜（Collective Dark Night of the Soul）。香港這顆東方明珠，這兩年多來已失去了昔日的光采！許多人都在問，上述這兩種生理和精神上的病毒，何時才會消退？甚麼時候香港人才能有個安居樂業的環境？抱持不同價值觀和對政治、經濟取

態各異的人，甚麼時候才能握手言和、一笑泯恩仇？

　　張仕娟老師和Christlin P. Rajendram神父這本《非暴力正念溝通　活出生命力量》的合著中，恰巧給所有如上渴求的有心人，如何為香港社會的集體修和（Collective Reconciliation），提供一個清晰、有力、古今中外常新的指引及可行的途徑，協助我們無論是在個人或群體的層面，邁向「療癒、重振及重整生命」（Fr. Chris語）的願景。正念，讓人保持一顆持平的心，敏銳於覺察自己當下內在的律動，不輕下判斷，為慈悲心的升起開路。非暴力的修持，使得我們在思想上、說話上、態度上、行為上、文字上以至情感上，保持潔淨，心無怨敵；在衝突中，仍能化劍為犁。最後，祝願本書的內容及其精神和實踐，能為香港逐漸建造出一個正念和非暴力文化的社會；這或許是今後二十年香港人對中華民族以至世界，最最可貴的貢獻。

關俊棠神父

心靈農夫

序二

　　也忘記了認識仕娟多少年了，不少吧！她那弱小的軀體永遠令人擔心，可是這麼多年了，仕娟還是那樣子，繼續不斷地朝她靈性成長的道路而堅持。令人尊敬！路途上的風風雨雨，成為了她成長的滋潤和養分。這次，她進入了非暴力溝通的世界，還推出了「非暴力正念溝通」的新理念。

　　溝通是人類的優勢，健康人際關係的基石。可惜很多人以為溝通就是他人聆聽自己，講自己的甚麼甚麼，而不是為了互相明白、諒解、包容、成長。更可悲的是，當溝通成為了武器，而這情況往往發生在最親最愛的人之間。甚麼啦？不覺知、不體會對方的感受，唔識！能夠做到非暴力溝通是藝術、技巧，這都可以學，但是能否落實非暴力溝通就要正念和同理心了。所以，仕娟能把非暴力溝通與正念結合是很有需要的。正念就是不思前想後，不胡亂猜想，淡淡了然地去理解當前情況；同理心就是能體會對方的感受和想法。

　　我誠意祝願讀者能在這本書中學到非暴力正念溝通，為自己和身邊的人帶來幸福和美滿的生活！

釋衍空法師
庚子年冬至

序三

原來我不止如此　發現生命的力量

　　遇見本書兩位作者：張仕娟（Christine）和 Fr. Chris（Christlin P. Rajendram）是我生命中的恩寵。我認識 Christine 較早，而 Fr. Chris 是一年前（2019）經 Christine 的因緣而遇上的。2019 年對這世界上大部分人、尤其是對香港人來說，是不易過的一年，而 2020 年也好不了多少。但我很幸運，Christine 和 Fr. Chris 就是上天派遣來，讓我重拾力量、從容地面對困境的兩位天使。二十多年來，Christine 不懈地在靈性修行的路上勇敢前行，更難得的，是她常常坦誠而無私地告訴我路上所經歷的一切：有艱苦跌宕，但也有美麗風光。她的修行分享，往往給我重要的指引和鼓舞。至於 Fr. Chris，我跟他談話時，總會注意到他是全心全意的，就是他常說的「臨在」，因此他的話常說到我心坎裏，給我最適時的提示和力量。

　　Fr. Chris 常說「恩寵」（Grace）這個引人入勝、但又難以捉摸的概念。他說他一生有不少奇蹟的遭遇，使他化險為夷，然後說我們每個人生命都曾遇上這類奇蹟，或他所說的「恩寵」，只是很多時我們沒有覺察而已。基督宗教人士會說

「上帝的恩寵」，就是說我們個體的存在雖然渺小，但我們都活在一位全能的神之內，所以我們的力量比我們想像的大。Fr. Chris 雖然是耶穌會神父，但他很少講神或耶穌，反而常說「讓生命引領你」（Let Life guide you）、「生命永遠不會使你失望」（Life never lets you down）等。這「生命」只是我們個體這麼一點的小水滴嗎？還是浩瀚無邊的大海？

　　年前我在大學開設一門關於生死的課程，其中一課介紹瀕死經歷的研究。荷蘭籍心臟醫生 Pim van Lommel 在他的研究中，發現部分心臟病發的病人，雖經歷短暫腦部活動完全停頓，但救治後卻說曾「見到」自己被救的情況。他總結他的研究說：意識（consciousness）不一定與腦部功能（brain function）重疊，相反，意識有可能獨立於身體（包括大腦）而存在和運作；意思是說，我們的意識是超越物理的腦及其功能的。在整個課程最後一課中，我會引用另一位作者 Kathleen Dowling-Singh 的書本 *The Grace in Dying* 來鼓勵學生。Dowling-Singh 經多年與瀕死者工作的觀察、感受，再加上她豐富的靈修經驗，告訴讀者一件重要的事情：死亡是一個「回歸」的旅程。人由出生開始就建立一個「思維的我」（mental ego），而在這過程中，就必然要經歷一系列的分裂、割離和壓抑（例如「我」與「非我」、空間和時間、「心」與「身」的割裂，和建立「外表」（persona）的時候、對自身陰暗面（shadow）的壓抑等）。由身體衰敗以至死亡的過程中，這個「思維的我」分崩離析，重新與生命的根源（Dowling-Singh 稱之為 "Ground of being "）會合。

Dowling-Singh 說，這生命的根源（Ground of Being）就是我們的本性；「本」的意思是說，我們都從這裏來，而「本」的另一個意思，就是「本性」，是我們每一個當下的意識的來源。我們只要覺知地安住於當下（或說臨在於當下），我們就體驗到回歸本性的喜樂與奇妙、慈悲和活潑的質素，就像小孩子毫不保留地投入新奇的遊戲或我們見到久違的親人一樣。她說：我們太習慣「思維的我」的局限和焦慮了，但我們每人都經歷過具深度的意識境界，哪怕只有半秒的光景。這時，我們就像拿走了蒙着眼的布，光就在我們眼前顯現。可惜，因為大多數時候都蒙着眼，所以「我們多麼小看自己」（We take ourselves to be so much less than we are）。[1]

「我們多麼小看自己」這句話，真是一言驚醒夢中人！原來我們是偉大的：我們眼界寬廣、胸襟闊大，而且力量無窮，就像禪宗六祖的驚歎：「何期自性，本自具足。」

知道了我們的力量本來是超乎想像的，那麼，我們就可以重新去發現這個力量，並且與它連結。Christine 和 Fr. Chris 這本書給我們提供了一條路徑，一方面重拾非暴力溝通的語言，重新建立與自己、與他人以至所有眾生的連繫；同時通過古老的正念修行，提高我們覺知地安住於當下的能力，為

1　Kathleen Dowling-Singh, *The Grace in Dying: A Message of Hope, Comfort, and Spiritual Transformation,* New York, HarperSanFrancisco, 2000, p. 274.

我們建立連繫打下堅實的基礎。這樣，我們不再只囿於逼仄的小我，相反，我們能時刻放眼廣袤無垠的星空。我們體會到自己和眾生之苦，但我們亦感受到蒼茫宇宙的恩寵，而神奇的是：關鍵只在於我們留意一呼一吸之間。

蔡寶瓊教授

序四

　　當我們學習非暴力溝通時，第一個溝通的對象不是朋友或家人，而是自己。了解自己的需要而不帶評價、不帶批判是學習溫柔對待自己。仕娟用她生命的分享提醒我們會被過往的經驗，特別是負面的、失敗的經驗影響，形成一些習氣和信念。例如：她提到婚姻的失敗經驗，就假設自己將來不能與他人建立親密的關係。仕娟以自己的親身經驗與我們分享，例如與女兒的衝突，因此讀此書就如荒漠中的泉水湧進來，滋養自己的生命。如果我們要善待自己，仕娟書中提到神父的特質之一是靜默的雷鳴，值得參考。靜默的雷鳴，就是在靜默之中一個偶發的提問，令人在心中產生共鳴，使人意識自己此刻的情況、如何面對自己、聆聽自己的需要。

　　唐朝詩人李冶在〈八至〉詩中，是這樣描述夫妻關係的：

> 至近至遠東西，至深至淺清溪。
> 至高至明日月，至親至疏夫妻。

　　其實不單是夫妻，父母、兄弟姊妹的關係也會至親至疏。我們可以檢視自己的經驗，從驚嚇、雀躍以至圓滿，學習不帶評價，如實觀照，不是視而不見、聽而不聞，而是能互相交流，引起共鳴。希望你會喜歡此書，因為此書不是技

巧的分享，而是生命的分享。這本書就是靜默的雷鳴。

梁玉麒教授

序五

梅村同修

認識仕娟（Christine）應該是約十年前，在梅村的禪修營中遇上她的。可能是參與梅村活動時同修們都投入在正念修習本身，有時師兄弟姐妹之間雖然已認識了數年，頗為了解彼此的心路歷程和心理狀態，卻不知道對方的基本背景資料如職業、家庭狀況以至年齡和宗教信仰。我也是認識了仕娟好一段時間後，有次一起坐車，才問起她的宗教信仰（梅村是佛教團體，但在家眾參與者很多是來自不同的宗教背景）。記得她的回答是：當年準備信奉基督教的時候，讀了一行禪師的《生生基督世世佛》，結果信奉了天主教。當時的我覺得頗難想像：一位佛教僧侶寫的書竟然令人信仰天主教，而這個天主教徒又是佛教團體的核心成員之一……

後來發現，這些甚麼宗教、派別、身份，或許就是這本書中提到的「二元對立」和「判斷」，我們學會放下，靈魂才得以成長。宗教、派別、身份本身並沒有問題，我們在日常生活中都難以避免，很多時甚至有其必要的功能作用。然而，執着於這些表相，覺察的智慧就難以生起，生命的空間也不易舒展。當然，道理說是容易，能夠活出來，就不簡單。修

習者很多時明明知道道理是如此如此，實踐時卻難以企及；有時更誤以為自己明白知道，實際上是南轅北轍。仕娟這書甚有價值的地方，在於她提出了很多日常生活中能夠確切運用的方法，以及很多生命的動人故事，去啟發讀者進入正念和非暴力溝通的生命狀態。仕娟自己富於中學和大學教學經驗，但她並不是一個學院理論派的人，她自己經歷過生命的困難和成長。本書的內容不是頭腦的遊戲，也不止是地圖和餐牌，而是山道上一塊塊堅實的石頭，引領我們穩步由山腳走上山峰，品味靈性的喜悅。

　　我自己是真實經歷過並受惠於仕娟的教導的。五歲童年時的我曾經說謊並令同學受過傷害。後來三十四歲，修習正念約五年後，開始願意面對和正視那件事為自己成長帶來的陰影和影響。有一次，在烏石角海邊一間小禪堂，仕娟得知我當時的情況後，運用本書提到的方法，與我做了一場約四小時的對談，其中穿插着約兩小時的靜坐。記得在回答她不帶判斷的提問時，我和她竟然建立了一定程度的通感：我出現腹痛的時候她不用我告知就知道我腹痛，肩部痠痛也是如此——她感覺到我當時身體的感覺。而真正奇妙的是，對談過程中，令我發現和明白發生那件童年說謊事件與我父母的關係，以及與我恐懼失去愛有關。這是我之前完全沒有意識到的。很多人都想認識自己，有些時候更需要原諒自己。我相信仕娟撰寫本書，就是希望為我們認識和理解自己提供一個過程和方法。

這數十年資本、物質和慾求的過分發展，已令人類社會步向紛亂和危機。鐘擺的另一端，是各式身心靈活動的出現，新世紀方式的能量感應、占卜、個人命運軌跡等學習也大行其道。不同方式的靈性探索固然有其背景和道理，但我更希望修習者能透過仕娟所提倡的正念、非暴力溝通、情緒覺察、同理心等方法入手。透過修習對當下此刻的覺察，我們的直覺自然會變得敏銳，對能量的感受和運用也自然能夠建立以至得心應手地運用。如此培養內在的寧定，我們自然能夠在紛亂中保持覺知，我們的行止也能為自己、家庭和社會帶來快樂和幸福。

梁柏能博士

香港大學境外學習規劃及拓展處課程總監

（梅村法名：真光願）

＊　　　＊　　　＊

「成長、自由、離苦得樂、分享生命」，正如Christine的描述，是她一直所追求的，這何嘗又不是我們心底裏最簡單真誠的渴望？無論是平常的生活經驗或是禪修與靈修之中，不少同行者一直在嘗試透過學習與溝通去追尋平安的角落，卻一直感到兜兜轉轉或是苦無去路，這本書正好為這種狀況提出了一些線索和答案。

認識Christine的朋友大都知道她和女兒的生命經歷，無論是從文字或是不同的分享平台之中，那個被奮鬥和眼淚

填滿的故事都能牽動人心，然而跟她比較親近的同修都清楚，那感人故事一邊被分享的同時，在現實中還有很多章節仍在不斷發展，隨着每一次的分享，因着她們與每一位有緣人的連結，為這段歷程帶來不斷反思和整理的因緣和養分，讓每一位聆聽者都參與其中。這本新作品的出現正好見證着Christine另一個生命階段的整合，透過溫暖直白的文字，讓更多有緣人認識她在整個歷程當中跌跌撞撞，不斷學習，在百般努力之下仍未能如預期般抓住安穩的掙扎，以致後來慢慢探索出內在最坦誠的需要，繼而與生命最深刻的信任接軌。

Christine在書中慷慨地分享了她的個人經驗、近年帶領工作坊中引用各種實用的練習和跟 Fr. Chris 學習的點滴。也許讀者們的生命故事並不一樣，然而書中分享的種種就如為每一位讀者提着燈領路，邀請大家在自己的生命歷程或是日常生活總會碰上的難關中，重新認識每一份生命帶來的禮物和美意，更有信心地支持自己帶着耐性去探索，建立信心，在溝通過程中的言詞與寧靜之間學會跟自己、他人和心靈深處力量泉源連結。

王蓓恩博士

香港大學社會科學（行為健康）碩士課程署理總監

2020 年秋

*　　　*　　　*

這是一本讓你慢下來、細味品嘗、有歷練的書。讀者不難發現仕娟生命故事裏，也可以看到自己的故事，面對生活的苦與樂，對生命的疑惑，種種點滴或許都似曾相識，讀者可按着自己生命的不同階段，而找到相應、與生活有所共鳴的故事和方向。

　　我在 2008 年第一次去梅村禪修營時認識仕娟，那時候她帶着女兒協助禪修營。之後有緣跟她一起工作，把正念與非暴力溝通帶到不同學校。記得一次對談中，我望着她然後說：「我覺得妳是一個十分愛自己的人。」她帶有好奇地問為何這樣說，我說一個愛自己的人會有勇氣去面對生命的一切，即使內裏是多麼的苦澀和難以面對。試過無數次碰壁，她也會坦誠面對自己的一切，這是真正愛自己的表現。而我相信讀者們在揭開這本書時，都是想着為自己和身邊人好，想找方向，也是愛自己的表現。這份愛可以成為推動自己的力量，是很值得慶幸的事。

　　在生命中冥冥有所安排，仕娟就是一個有故事且會說故事的人，她心中有個願望是讓自己和別人活出自己的生命，把內在最真實呈現與表達。這本書濃縮了她過去二十多年的修習經驗，透過探索、無數次實踐與整理而成，但這絕對不是一本只是關於技巧或者方法的書。她生命裏帶着天主教與佛教的靈性背景，透過這本書我們會看到仕娟如何透過非暴力溝通及正念的修習與靈性結合，讓我們學會如何連結當下，回應生命，成為真正的自己。而本書列出清晰的步驟讓

序五

23

非暴力溝通和正念更切實地融入我們的生活，就有如小鳥一左一右的翅膀，好讓我們在探索生命的過程，能輕鬆地翱翔在飛往幸福的道路上。

過去兩年我們生活中有很多無常與考驗，我們的內心也隨着大環境翻滾着，把埋藏心裏恐懼的種子翻起，引致在生活上或不同的關係裏，有很多磨擦。在我們的説話、思想和行動上都會投射了內在的無力與不安。像在大海裏飄浮和掙扎着，沒有安心之所。這也是個契機，讓我們反思自己以往的生命的排序與方向。在本書的第四章中提到的「自我同理與關懷」，具體説出了九個步驟去陪伴自己和覺察內在。至今這些方法已成為我身體的機制和生命的一部分，當我靜下來連結自己時，都感受到自己內在的力量。

有緣翻開這本書的朋友，希望你能打開心房坦誠地閲讀，透過書本的文字共震你的身體與心靈，實踐在自己內心、關係與生活上，相信你的生命一定會有所轉變。願你活在連結中，讓生命流動，展現真實的自己。

李懿筠

序六

非暴力溝通同修

　　Christine的生命像一條管道，將寶貴的教法傳開，同時又像一個漏斗，將大大小小的智慧共冶一爐、融會貫通。這一本書就是她遇到各種磨難、踏上尋求解脫之旅的經驗總結。

　　記得五年前第一次在香港梅村認識Christine，她已經毫無保留地分享自己最近的修習心得，而且每次都有新的法門，簡直是琳瑯滿目。或許這份勇於嘗試、兼容並蓄的心正正就是她可以成為管道的特質，而Christine這個管道特別之處在於，她總是「以身試法」，自己先嘗過各種法門，累積經驗後才「現身說法」。

　　這本書可算是她遇上非暴力溝通的自傳，記錄了她應用非暴力溝通回應各種人生考驗的歷程。書中沒有塗脂抹粉，沒有避重就輕，如實地向讀者呈現她盛怒難平、自怨自艾、悲秋傷春的情緒和思想習慣。這種「不顧儀態」、放下身心靈導師身段的真誠分享，不但將非暴力溝通從外太空帶回人間，更鉅細靡遺地剖析情緒、需要和想法之間的關係，一步一步展示非暴力溝通的意識和技巧。更難能可貴的是，Christine示範了柔軟而寬敞的心胸，迎向豐富又多變的情緒生

活，為一向慣於壓抑、轉移、否定情緒的你我，提供由她親身驗證的方法，接觸內在神聖，好讓我們在身、語、意上活出愛、真相和勇氣這三個非暴力的精神。

Christine 的坦蕩將這本書另一位作者 Fr. Chris 有如靜默雷鳴的智慧鮮活呈現，並補充了 Fr. Chris 最少談及但讀者又最想知道的問題——如何將非暴力溝通融入生活的每個時刻。Christine 多年的禪修經驗亦倒過來豐富了非暴力溝通，讓我們學會回歸身體，進入當下，在表達自己和聆聽別人之前確立清晰的內在意向，這樣，非暴力溝通才不會只是停留在頭腦上的遊戲，而是生命力量的具體展現。

這一本書記錄了 Christine 跟非暴力溝通的相遇和彼此增益的旅程，為所有非暴力溝通的初學者提供了寶貴的指引，點出一條她走過而且確實「行得通」的路。感謝 Christine 過去在這條路上與我互相扶持，亦感謝所有讓我遇上 Christine 的各種因緣，願你平安、幸福、快樂。

小曹（曹文傑博士）
香港中文大學性別研究課程講師

*　　*　　*

還記得我在 2016 年參與美國為期一年的非暴力溝通領袖課程時，培訓一開始就邀請來自世界各地學員反思和交流彼此的非暴力溝通的靈性面向和實踐方式。這本書正是回應了

這個課題，是 Christine 與大家分享的答卷和生命禮物。這來自她二十年來身心靈的學習和實踐成果，特別包括她近年師從 Fr. Chris 收穫的智慧和方法。

Christine 寫好這本書的初稿後，邀請我和小曹給予意見。在非暴力溝通的靈性理解和實踐上，我和兩位作者（Christine 和 Fr. Chris）在靈性的核心上有相通之處，而在靈性層面的認知和療癒轉化的實踐上則有一些不同的地方。在過程中，我們三人對真理的謙卑（humility）和探索，和而不同，正是非暴力溝通美麗之處，也是它在世界各地如百花綻放、不斷發展進化的原因之一。也因此，我給予的意見是以支持 Christine 寫出她和神父的智慧為依歸。

在這裏，我誠意邀請每一位非暴力溝通的實踐者：探索和活出屬於你自己的答案，在成長轉化的道路上互相砥礪支持。

此外，Christine 的教學結合正念和非暴力溝通，幫助大家從身心體驗「需要」作為生命的力量，是非暴力溝通實踐者的重要成長階段。這種生命力量同時是療癒轉化的泉源，非常值得大家深入修習。

最後，我認為在 Christine 的言傳身教中，她活出的真誠、勇氣、力量和慈悲，是正念和非暴力溝通學習者最需要的。她的分享中往往承載着比文字內容上更重要的精神和能量，讓她的教學和帶領方式可以幫助大家安全、放鬆地連繫自己，奠定療癒轉化的最為核心的基礎。我相信 Christine 的

分享和教學,會給予你在個人成長轉化上所需的指引和同行。

池衍昌

非暴力溝通及 Internal Family Systems 實踐者

ICF Professional Coach in Transformation

創傷同學會創辦人

序七

　　讀畢Christine這本書，看到她在當中經歷了不少的事情，我相信如果沒有天主的保守，這本書可能會胎死腹中，因此，這書能夠面世，是十分難得及感恩的。

　　Christine寫這書主要的目的是協助學生們帶領有關正念及非暴力溝通工作坊；其次是讓社會上更多的人認識及學習這課題。因此，這本書基本上是一本工具書，而工具書一般都是十分乏味的，但是Christine卻堅持以真誠和嘔心瀝血的態度來活化這書，使它變得有生氣。

　　她一方面邀請我與她一起運用Whole Body Focusing的方法，讓身體來咀嚼、沉澱她的初稿，使得文字更富有感情和人性，並除掉了死板和沉悶的表達，同時她亦邀請了在正念和非暴力溝通享負盛名的Fr .Chris與她合著這本書。不但如此，她更成立了一個訪問小組，討論正念和非暴力溝通的核心，讓讀者更容易了解相關的重要訊息。

　　這的確是一本十分難得的書，因為它結合了正念和非暴力溝通的內容，兩者就好像一隻鳥的兩隻翅膀，缺一不可，並且互相補足。因此，如果大家這般修行下去，不但可以讓每一個人的身、心、靈得到提升，還可獲得覺醒、自由、輕鬆和療癒。

最後，我想提一提大家，在閱讀這書時，可以留意一下
Christine 背後的天主，因為 Christine 是按着天主的旨意，讓聖
神來帶領寫這書的，所以希望大家能夠體味這書中的神聖力
量。

李富華（Andy）

*　　*　　*

在日常生活中，大家常常需要和別人溝通，可能有些時
候會因為溝通和別人鬧得不快，甚至感到憤怒或困擾。在學
習正念和非暴力溝通之前，我通常都會以我對你錯的態度回
應別人，或者因為不懂得回應而逃避。

我懷着感恩的心去看這本書，因為眾多因緣條件和合
之下，Fr. Chris 和 Christine 有機會合作，他們很創新和突破
地結合正念和非暴力溝通，為大家帶來了一套很生活化的方
法，以溝通為切入點，並超越溝通的技巧，分享怎樣去覺察
和轉化大家對生命的抗拒、沒有意識的習氣和慣性的思想模
式，連結和同理自己和別人的感受和需要，帶大家回到自己
真正、原來的本質——慈悲和友愛，一同踏上隨順和活出生
命的路。

此外，這本書除了包含正念和非暴力溝通的理念外，還
有很多篇幅是經驗的分享和練習指引，滿足學習正念和非暴
力溝通的朋友（我也是其中之一）對重溫的需要，對未學習正

念和非暴力溝通的朋友也提供了具體的例子，了解正念和非暴力溝通是甚麼的一回事，對大家也是一本很實用的生活手冊。

　　祝福大家在任何環境下也記起回到呼吸，回到當下，回到自己慈悲和友愛的本質，一起修習吧。

鍾嘉慧（Christine）

*　　　*　　　*

　　遇上 Christine 是一種幸運，因為她，我成為「MJP溫暖有愛之家」核心團隊的一分子，是幸運、美好又溫暖的事。這數個年頭跟隨 Christine 學習非暴力正念溝通，一同修習，學習到的不單單只是概念，而是一種體驗式的修習。在課堂聆聽着她與 Fr.Chris 的教學，感覺他們就是修習非暴力正念溝通活生生的例子。我們或他們都不完美，但重點是在修習，而他們正正在示範修習的重要和意義，這是我從他們身上深深感受到的。Christine 和 Fr. Chris 合著的書就是把他們的修習呈現，讓生命帶領到你手中。祝福正在看此書的你。

林翠群（Winter）
自由藝術工作者
藝術教育導師

*　　　*　　　*

還記得第一次從收音機中聽到 Christine 分享「非暴力溝通」時，我當下感覺很好奇。原來暴力不單在行為上，還可以在溝通上。因緣讓我和 Christine 相遇，當我在外碰碰撞撞地尋找身心靈課程的時候，參加了她舉辦的「非暴力·正念·身意——正念喜悅生活」基礎導師培訓課程，我感受到那份安全、溫暖和愛，隨後馬上再參加由她舉辦的其他課程和禪修營，開展了我生命尋找內在寶藏的旅程⋯⋯

　　當收到她的邀請為她的書閱稿，碰巧疫情閒着在家又好學的我，沒有考慮，第一時間便答應了。可能就是那份熱誠，讓我捉緊了這個無比珍貴的機會。接下來的半年，為 Christine 的書閱稿、一起訪問 Fr. Chris 並將內容打出來、參與課程義工團隊，對我來說是將非暴力正念溝通深化並在修行的道路上跳躍式的領悟，令我能真正活出非暴力正念溝通，體驗活在當下的一刻，正念地覺察、觀察，開放自我地觸碰內在傷痛，全然接納並陪伴那份感受，找到內在需要時那份自我臣服的力量，最後能完全體驗內心那洶湧的愛，流進身體每一個細胞，猶如一條慈悲的河流，讓生命變得自由、自在。這份經驗令我更相信自己有能力、有勇氣面對內在的恐懼，找回安穩的心，不再輕易無意識地受外在環境所影響，而且更能覺醒、更有意識地回到內在安全的家。這份安全感能帶給生命無比的力量，在海浪中奔馳，跌倒又起身，也不管是晴天、陰天、雨天、甚或是暴風雨的來臨，只要活在當下，全然臣服，一切也變得很美好、幸福！

再一次衷心感激生命引領讓我遇上了Christine、Fr. Chris，兩位謙卑、具足智慧的靈性導師，接納我、認可我這個新手給予的微力，啟發了我如何活出生命的智慧並找回內在的力量。感恩沿途有你們的陪伴，是上天賜予我的福氣！也希望現在閱讀此書的你，找到內在的寶藏並活出生命的力量。

安佩君（Iris）

＊ 李富華先生、鍾嘉慧小姐、林翠群小姐、安佩君小姐均為MJP溫暖有愛之家核心成員。

自序

感恩生命引領，一切都是恩典！

生命很奇妙，我猜它不透！每當遇上自己認為最「不濟」的時候，一個轉彎，原來是柳暗花明。

2017年，生命狠狠地一腳踢來，一夜之間，我決定離職。辭職是我從斯里蘭卡回來不到一星期的事。當時我去斯里蘭卡接受九天的密集式非暴力溝通國際資深培訓課程（NVC IIT），回到香港還在回味非暴力溝通的甘美，思索如何好好結合正念與非暴力溝通……

沒有工作、沒有身份、沒有銜頭，是相當嚇人的事。當了二十多年中學教師，在大學擔任學校發展主任及心靈培育導師多年，忽然辭去專業，成為"nobody"（無名小卒），感覺可怕。我告訴自己：「這是非常時刻，最重要的是清楚聆聽自己的內在聲音，跟隨生命而行。」於是我在家裏閉關，細聽內心一切反應，允許一切的呈現——身體僵硬、頭脹、孤單、憤怒、覺得自己不夠好……

面對這一切不壓抑，只管陪伴。說實在，這段路不好走，卻很踏實，除去身份同時，也除下了虛假的面具！

面對前景，雖然感到恐懼，心底深處卻有一份安穩。很清楚知道，只要專注當下，踏踏實實地修習正念和非暴力溝

通，生命自會引導。心安靜下來，內在聲音清楚浮現，它指引着我，啟發我把精力放在結合正念和非暴力溝通，並跟大眾分享。生命引導，奇蹟出現，兩個月後，我便在佛門網撰寫「非暴力正念溝通」專欄。其後被引導成立了「正念喜悅父母」機構，推廣「正念喜悅生活」，先後受邀到香港、澳門的中小學、政府部門、社福機構、商業機構等帶領講座、工作坊。其後研發了至少十個非暴力正念溝通系列課程，其中最具影響力之一是「非暴力‧正念‧身意——正念喜悅生活」基礎導師培訓課程，很多社工受訓後，將之應用到他們的服務對象當中。

2018 年秋，我放下俗務，到法國梅村參加三個月秋安居禪修營。一天，我跟出家三十年的慈嚴法師（Sr Tu Nghiem）散步，談到我在香港的工作時，她非常雀躍，邀請說：「我們梅村的『重新開始』修習，若能以非暴力溝通輔助，我相信能幫助我們深化修習。我希望妳能將兩者結合，然後跟我們分享。」於是，我在法國梅村開辦了名為「重新開始——以非暴力溝通作輔助」工作坊系列，它結合了「重新開始」與「非暴力溝通」。參加者包括世界各地到梅村修習的在家眾，以及梅村的法師們，慈嚴法師更是座上客。每堂課後，她都會給予我非常寶貴的意見，我獲益良多。慈嚴法師更鼓勵我將之撰寫成書，我正有此意。

回港後，我開始整理資料，構思寫作。「非暴力‧正念‧身意——正念喜悅生活」基礎導師培訓課程不久也開展了，我

用心設計課程內容，邊教邊整理教材，預備成書。可是工作坊一個接一個，耗盡大量精力，及後更因社會反修例事件，社會動盪，我沒精力寫作。2019年9月，我再次到法國梅村參加三個月秋安居禪修營，寄望可以在那裏續寫。可是，香港局勢衝突升級，我掛心獨自在家就讀中文大學的女兒，心不安，加上禪修營密集的活動流程，我內在、外在都沒有空間，索性「放棄」了寫書。奇怪的是，寫書念頭持續不散，這成為我的困擾，心中長期掛着一件「永遠」做不完卻又需要做的事，真的不好受。

2020年2月因着疫情，忽然得來空檔，我趁機寫作，一個月內便寫了八成初稿。為確保所寫的確實「有用」，我邀請了幾位朋友閱稿，感謝大家的「正面」回饋，我放膽寫下去。

及至3月，內心「躁動」，內有聲音指我不可只顧埋頭爬格子，得要對外分享，並引導我去找Fr. Chris一起舉辦網上課程。我戰戰兢兢地告訴Fr. Chris，他竟毫不思索說好，且建議根據我所寫的這本書的內容來設計課程。5月便順利開辦了第一期「非暴力正念溝通——活出生命力量系列L1基礎課程——讓生命引領」。由於反應熱烈，我們連續開辦了四期L1基礎課程。

與Fr. Chris傾談課程內容的過程中，他一如既往充滿智慧、見解獨到、字字珠璣，而所說的都是我想在書中表達卻沒能力辦到的。於是，我靈機一觸，邀請他與我合著，他慷慨答應。我把我之前所寫的初稿，按主題分類，根據不同的

主題訪問他，將訪問的內容整理，然後加入相關的章節裏。所以，全本書仍是我一個人執筆，卻滲透了 Fr. Chris 的智慧。在思考訪問他之前，我已深知，我獨自一人是承接不到他的大智慧的，需要找其他人一起來盛載。因此 Iris、Andy、寶姨（蔡寶瓊教授）和我一起透過 Zoom 訪問他，每星期一次，每次談一個特定主題。Iris 幫忙將訪問轉成文字，再由我翻譯及整理，最後包含在書本裏。這個訪問小組，至今仍然繼續，每兩星期聚會一次。小組成員來自世界各地，超過十人，它已演變為一個深入探索生命的靈性團體，非常滋養。本書中很多的精華都是在這個小組中孕育出來的。感恩！

　　本書雖是我執筆，但它絕對是集體之作。最初，我只想為曾參與我工作坊的學員而寫，希望他們上完課程後，能有更完整的資料鞏固學習。但初稿剛寫完，我便被生命引導去找 Fr. Chris，結果他加入此書的「寫作」。加入他的智慧後，很多部分的內容和形式便相應調整了。後來，又得釋衍空法師指點，將目錄修改和重新排序；同時，獲得小曹和阿池兩位非暴力溝通同修的專業見解和提點，改善了書中很多的內容；接着，得到何惠珠 Helen 幫助，發揮其專業編輯本色，鬼斧神工地精簡本書，大大提升可讀性；我也因浸淫 Fr. Chris 的智慧日久，內心有很多的轉化、療癒和滋養，帶動了寫作上的轉變，多次修改了內容。最後，演變為現在你手上捧着的這本書！

　　感謝上天的眷顧，我的生命中充滿天使，他們圍繞在

我生命的每一個角落！為本書寫序、編輯、繪圖的人都是我的守護天使！感恩關俊棠神父、釋衍空法師、蔡寶瓊教授及梁玉麒教授，謝謝您們的引導和愛護，幫助我成長和跨越各種難關，也感謝您們為我樹立榜樣，與您們亦師亦友，我感到很幸福！謝謝同修梁柏能博士（Parry）、王蓓恩博士（Venus）、曹文傑博士（Joseph）、池衍昌（阿池）及李懿筠（Vivien），謝謝你們百忙之中抽空為本書寫序，並給予寶貴意見。感謝你們誠心修習，彼此同行，一同成長。感恩「MJP溫暖有愛之家」核心成員——李富華（Andy）、司徒天信（Tinson）、鍾嘉慧（Christine）、林翠群（Winter）及安佩君（Iris），謝謝你們，你們簡直是上天派給我的天使！感激你們雪中送炭，感激你們無私奉獻、踏實修行、真心同行，一起建立心靈上溫暖的家，成為我生命的寶庫。感謝Andy幫助我做WBF來沉澱本書的內容。感謝Iris貼身閱讀初稿，花了大量精力將Fr. Chris的智慧用文字記錄下來，成為本書的精華。感謝Helen盡心盡力為此書編輯，書本因你變得美麗！感謝「了了×舒法一下」花盡心思為本書設計封面，衷心感激！特別感謝師父Fr. Chris的慷慨、提攜、支持和關心，因為您，很多人（包括我）的生命變得不一樣！

如果說我是此書的「媽媽」，那麼Iris則是「保姆」了。我們要特別感激我們兩個「傻人」，傻人有傻勁，從初稿到完稿，至少翻寫了七、八次，每寫完一個章節或更改了甚麼，我就把它交給Iris閱讀，她會迅速給予我很真實、具體的回

饋。有些章節很難寫，我隨心寫了一大堆的，寫後元氣耗盡，沒能量也沒心機整理和修改，幸得有Iris承接，她會閱讀、給予意見，跟我傾談，這樣又燃點起我寫作的熱情來。本書的誕生全靠她貼身的陪伴、打氣、實質的幫忙。感激！我也感激自己那份「磨爛蓆」的特質，竟能為了表達清晰一點，改寫又改寫，Fr. Chris聽到我又在改寫時，他笑說：「我剛開始在學中文，我想此書出版之時，我已經有能力閱讀此書了！」

　　感謝生命，感恩上主！白白得來，白白分施！將一切榮耀歸於上主！

張仕娟

引言

　　今天，我們重新發現古老的正念修習，在非暴力溝通這個新近發展出來的修習幫助下，來應付當今世代的問題，用以療癒、重振和重整生命。已故的馬歇爾‧盧森堡博士（Dr. Marshall Rosenberg）創立了非暴力溝通，並稱之為生命之語言、心之語言或長頸鹿語言。在陸地上，長頸鹿擁有最大的心，象徵非暴力溝通。這本書是有關正念和非暴力溝通的修習。我期望這本書可幫助讀者發現他們的生活習慣，讓他們活在當下，也希望為正念和非暴力溝通這兩方面提供實用和有價值的指引，以幫助修習者理解生命和有意義地活出生命。這本書的作者Christine探究自己的個人經驗和從中領悟，把它們帶給讀者。我和Christine討論不同課題，成為了這本書的篇章，充實並演變為這本書。我相信討論產生了新的知識。閱讀此書可能引發問題和生起疑問，這些問題和疑問會受着非暴力溝通的原則引導，去幫助我們與自己連結，與他人連結，透過對話去尋找答案。此書要求以一顆開放的心，來學習、活出和熱愛生命。

Fr. Christlin P. Rajendram

第一章

生命引領的沉思

對生命的探索、靈性的追求，我從未懈怠過，任何能讓生
命成長的東西，有緣遇上了，我都保持開放的態度，虛心
學習。 成長、自由、離苦得樂、分享生命一直是我的追
求。但原來不只是我的追求，而是被引導去追求，原來
我一直被引領到愛和光之中，原來我是被更大的生命看見
和關心着的！

　　修習了十四年正念，我遇上非暴力溝通。這個邂逅，容
我用五個形容詞來表達對我的影響——「驚嚇」、「雀躍」、「驚
喜」、「圓滿」及「跳躍」。

一、驚嚇

　　2014 年 8 月在香港梅村的靜修營裏，聽到同修阿池分享
他怎樣將非暴力溝通應用到梅村的修習——「深度聆聽與愛
語」，這幫助他改善與父母的關係。聽着他訴説父母的言語
怎樣令他受傷，我感到心寒，因為我在生活中對女兒所説的

話，比他父母所說的尤甚，豈不是女兒受傷更深？記起女兒曾表達過不滿，我沒有警覺，今天，聽着人家兒子的痛，我才驚覺女兒的痛，此刻方知自己「暴力」！

　　幸好女兒也在那個靜修營裏。分享會完結時，我走向女兒，邀請她：「我可以跟妳談一會兒嗎？」她有點不情願，卻還是接受了。我們坐在佛堂前的梯級，我說：「我剛才聽分享時有很多反思，我知道我以前對妳說的話會傷害妳，但今天聽分享後才真的體會到妳的難受。傷害了妳，我感到很難過，為此，我向妳道歉。」她默然不語，但滴下眼淚，然後轉身望去另外一邊。我非常難過、愧疚，淚水滾滾而下，為自己哭，為女兒哭，也為自己的父母、祖先們哭，代代「暴力」溝通，大家都受苦。不一會，女兒說要上廁所而離開了。我獨個兒在那裏繼續哭泣。

　　第二天，我寫了一封很長的信給女兒，再次向她致歉，並請求她原諒。我告訴她，我這樣說話，有時是因為我不懂有更好的表達方式，有時是明知這樣不好，就是無法停止。無論如何，我是不想帶來傷害的。我決心停止習氣的「輪迴」，願意面對家族的習氣，願意學習更好的溝通方法，活出愛。

　　首先，我依據馬歇爾・盧森堡的書籍——《愛的語言——非暴力溝通》所提的，把那些聽上去令人感到受批評的語言「刪除」，從我的思想、意識和言語去除。這是一個過程，首先起碼我要有能力辨識出甚麼樣的語言會導致別人覺得是被

判斷、批評和指責。

譬如二元對立，不同程度上隱含別人有錯的語言：

- 對、錯
- 好、壞
- 應該、不應該
- 正常、不正常
- 適當、不適當
- 太多、太少

讓人感到沒選擇的語言：

- 必須
- 一定
- 永遠

我最驚訝的是發現自己在日記本上常常用的詞彙——「被拒絕」、「不受重視」、「被束縛」、「被誤解」等等，原來不是感受，而是判斷語言。

非暴力溝通相信人的本性天生樂於分享，願意由衷地貢獻彼此的生命。隱含別人有錯，命令、判斷等語言，障礙人們快樂。我學習去辨識、認出它們，有意識地捨棄「暴力」語言，學習說生命語言。

二、雀躍

正念與非暴力溝通是何等的匹配、胭合，兩者猶如鳥兒的雙翼，相輔相成。兩者為我們提供意識上的轉化，結合各自獨到的招式和技巧，幫助我們有更多覺察，更有效地轉化和療癒。

1. 幫助覺知需要

非暴力溝通的基本假設是，我們所做的任何事，所說的任何話，都是在滿足我們某個需要，這個「需要的意識」是非暴力溝通的核心。一般人學習非暴力溝通都會覺得很難聆聽到深層的內心需要和渴望，因為這得依靠我們對身心敏銳的覺察。多年來的正念修習，令我對自己的身體感覺和內心感受很敏銳，這為我修習非暴力溝通打下了良好的根基。

非暴力溝通如何幫助我正念修習？我嘗試以面對「難過」為例作說明，感到難過時，正念修習就是確認它、接納它，難過的能量會在覺照下慢慢消融。引入非暴力溝通後，我會問：「我難過的背後是需要甚麼？」如此一問，立刻便將注意力從外在事件或從對方轉向內在，脫離故事、思想的漩渦，從過去、將來回到當下。將注意力轉向探索自己的需要時，我多了一份好奇；找到需要，內心會產生明白和理解；連結需要，慈悲的能量油然而生；確認需要，心生安穩。清楚自己的需要後，發現原來有眾多滿足需要的策略，不一定要執

着之前那個，因而多了彈性，較易放下。

　　確認了自己的需要後，我的內心自然多了空間，有助我去理解對方的需要。在理解對方需要的過程中，慈悲自然生起，對方的「敵人」形象頓然瓦解。知道自己的需要，也知道對方的需要後，納入雙方的需要來考慮解決方法，能幫助我脫離對錯、輸贏的二元思想，同時專注在豐盛彼此的生命上。

2. 幫助釋放固有的「思想觀點」

　　我很難清楚觀察自己的思想、觀點和信念，有時候是看清了，但難以放下。譬如對某人有固有的看法，我提醒自己嘗試以嶄新的眼光來看待他，卻老是脫離不了舊有觀點。某次，我與女兒談及核心信念，她說她常常有個信念：「我要做一個好的修行者！」這信念對她造成困擾，因而常常自我批評。後來，我學習了非暴力溝通轉化核心信念的方法來幫助她，她很快有所轉化，放鬆下來。

　　非暴力溝通視所有批評、判斷、指責都是內在需要的強烈表達，是未被滿足的需要的可悲表達。我把那些常常重複出現的思想、念頭、信念一一列舉出來，去感受它們帶來的感受，並循着感受去探索背後的需要。每當找到需要時，我整個人都會感到釋放、放鬆。判斷、指責出現時，我問自己：「我這樣反應，我需要甚麼呢？」「他這樣反應，他需要甚麼呢？」把焦點直指感受與需要，能從思想判斷中解脫出來。

3. 幫助修習「深度聆聽」與「愛語」

　　梅村有「深度聆聽」與「愛語」的修習，幫助我們改善溝通。非暴力溝通在這方面提供了很具體的方法幫助我們進一步修習。它的溝通模式——觀察、感受、需要、請求四個步驟，是修習愛語的其中一條途徑。聆聽時，不論對方說甚麼，縱使是指責、判斷、批評等，我們都是去聆聽其感受和需要，「他這樣說，他需要甚麼呢？」這樣的聆聽就是深度聆聽。這樣做時，我不會那麼害怕，也不會那麼容易引發情緒。表達時，表達感受和需要，是表達愛語的一種方式。非暴力溝通幫助我修習深度聆聽和愛語。

4. 補充「重新開始」修習

　　梅村傳統的「重新開始」修習包括感恩和欣賞，也有修和的部分。非暴力溝通也有感恩練習，它有很具體的步驟、方式，這方面幫助我正念修習。通過告訴對方她的行為怎樣豐富了我的生命，滿足了我的哪些需要，感謝和欣賞可以表達得更清楚。非暴力溝通令我的語言更豐富、更具體。慢慢地，我感到與他人的溝通更暢順，別人更能接收我的訊息。2018 年在法國梅村參加三個月的秋安居時，我在那裏開辦了「重新開始——以非暴力溝通作輔助」工作坊系列，以非暴力溝通豐富「重新開始」修習。

三、驚喜

　　非暴力溝通關注生命中的兩個問題:「當下你內在最鮮活的是甚麼?」以及「我們當下可以做些甚麼讓生命更美好?」前者幫助我有意識地將注意力放在當下,也更能幫助他人返回當下。很多時,人們在述說其故事時,都會不知不覺陷入過去或擔憂將來,每當我探問:「你內在正在經歷甚麼?」,或「你現在是不是感到XX?」或「你很渴望XX嗎?」往往能幫助他回到當下。第二條問題:「如何讓彼此的生命更美好?」能引導我們將意圖放在創造美好生命上,幫助我們時刻作出適切生命的選擇,放下與生命疏離的思想、語言和行為。

　　在我個人經驗中,在正念修習的基礎上,非暴力溝通(NVC)猶如照妖鏡。它能照出我有哪些會產生疏離、中斷人與人連結的用詞、思想信念以及意識。它照出我觀察和表達時,那麼容易添加主觀評論;它照出我想表達感受時,摻雜了那麼多的想法;它照出我一直忽視自己的需要,是負面感受的根源;它照出我在表達需要時,實際是執着於策略;它照出我提出的不是請求,而是要求;它照出我的表達方式,只表達了需要而沒有感受,或只表達了感受而沒有需要;它照出我沒有完整表達——觀察、感受、需要和請求。

　　非暴力溝通亦幫助我建立完整的溝通循環。從來,與人溝通時,我表達了要說的話,便假設對方已接收到了我的訊息,沒有意識要跟對方核對。結果出現甚麼呢?對方沒有按

我所説的去做，我便大發雷霆，判斷他們不尊重我、不重視我……

事實上，打從一開始，我便有責任確保對方真正接收到我發出的訊息。學習了非暴力溝通，我才知道在表達後，可以邀請對方複述我所説的內容、感受和需要，如此，我當下便可以補充或修正，以確保對方真的清楚接收了。

現在，溝通之前我都會做預備——説甚麼，怎樣説？為甚麼要説？想對方回應甚麼？開口説話前先思考一遍，幫助自己更有意識地溝通，提升溝通質素。我過往的習氣是，不説話就是等於沒能力，因為害怕不受重視、不被尊重，而常常催逼自己搶着説話。這習氣仍然出現，我能做的是接納它。不過，與此同時，我常常提問自己：「為何説話？」藉此提升説話的意識。

溝通過程中，我會問對方聽了我所説的話後，他有甚麼感受？這樣我能了解自己所説的話對他有甚麼影響，彼此的連結就更深了。聆聽時，我也會找機會告訴對方我聽到的內容、感受和需要，並跟他核對或告訴對方我聽到後，我的感受是甚麼，對我有甚麼影響，這樣有助我們增加連結，增強了親密感。

我很怕別人説話離題，或自顧自地説個不停。以往我會關閉耳朵拒絕溝通，現在多了一份好奇：「他其實是需要甚麼呢？」某次有個朋友説個不停，到某一個點，我開始感到有點不耐煩了。我深呼吸，邀請對方停一停，做幾個呼吸，感

受自己的身體。然後再邀請她，説完每一句話後，停頓作一兩個呼吸才説下一句。這樣能夠幫助對方回到當下，也幫助我與她更連結。聆聽後，我會給予回應：「你這樣做是否感到……？你很渴望……是嗎？」就算我猜不中對方的感受和需要，她都會感到我在聆聽，感到被關心和重視。

不知你有沒有經驗過，當對方在你面前説了一大堆話後，卻沒有説他希望你怎樣做，你會有甚麼感覺？這時我會有不安的感覺，這感覺有時很清晰地意識到，有時則意識不到。後來，我發現不安是來自我要猜想對方到底想我怎樣做，我不停地估計是不是要為對方做些甚麼。要是對方能告訴我可以為他們做或不做甚麼，這樣會令我安心。將心比己，於是，我便學習在表達之前，告訴對方：「我只想你聆聽我，你不用做甚麼。」或者「我希望你聽完後，告訴我你聽到我有甚麼感受和需要？」或者當我説完話後，我會問：「你聽完後，可否告訴我你的感受？對你有甚麼影響？」或者請求對方具體為我做些甚麼，以幫助對方安心。這樣做幫助我在溝通中創造更多連結。

四、圓滿

2017 年 7 月我在斯里蘭卡參加非暴力溝通高階培訓，完結時，我在日記本上寫下學習總結，其中兩點是：在這裏，我經驗到一個有愛、懂得愛和保存愛的「家」，以及進入一所

資源豐富的「學校」。

♡ 我的日記

「家」──有愛、懂得愛、保存愛

這一趟，我彷彿「出生」在一個充滿愛又懂得如何保存愛的家庭裏，愛呈現在這個家。這個家，重視生命，提醒我們時常記起自己生命的目的：「我來這裏的目的是甚麼？」這個家，讓人感到安全，可以充分表達，可以成為自己；這個家，不怕衝突，還容許衝突出現，因它能善巧地調解衝突；在這個家，我被看見、被注視、被聽見，我感到滿足；這個家，會慶祝需要得到滿足，也會哀悼需要得不到滿足。這個家生意盎然。

「學校」──資源豐富

我彷彿進入了一所學校。這所學校資源豐富，所有的生命課題都會深入探究──表達感恩與欣賞，學習同理、化解敵意以及如何學習「說不」避免屈服等等。這學校所學到的，能適用於任何性質的爭論和衝突等等。這學校，提供活出美好生命的具體心法與技巧。難怪 2003 年，聯合國教科文組織（UNESCO）將 NVC 列為全球正式教育和非正式教育領域非暴力解決衝突的最佳實踐之一。

這個「家」之所以吸引，是因為我的原生家庭有所欠缺。我的家有愛，卻不怎麼懂愛和保存愛。我們家沒有人學會充分表達，大家平時情感不表達，到了不得不表達時，已經是情緒崩潰的時候。我們家不懂調解衝突，不知生意盎然是怎麼一回事，大家只在生存，不懂生活。

五、跳躍

很幸運，在深化學習非暴力溝通上，能得到 Fr. Chris 指導。曾有一段時間，他每星期至少給我上一堂課。在最初的一個月，他不斷從我的言語中指出含有「判斷」的字詞。

某次，我提到跟女兒衝突時，說了一句話：「我看到自己的內心有很多傷痛。」Fr. Chris 聽後便說：「如果沒有意識使用『傷痛』這個詞，很可能會不自覺地產生抗拒和迴避，因為對一般人來說，『傷痛』是不被接納的。所謂的『傷痛』，其實只是一種『經驗』。妳試以『經驗』來描述，看看感覺有何不同？」

另外，有一天我向他匯報帶領非暴力正念溝通工作坊的經驗：「我發覺分享自己離婚失敗經驗非常容易引起參加者的共鳴⋯⋯」Fr. Chris 提點說：「當你用『失敗』形容你的離婚經驗時，你已落入對自己的判斷了，『失敗』很可能成為了你的

限制性核心信念……」真是當頭棒喝！是，在我的內心深處植根着「離婚代表我在關係上的失敗！」我如此判斷了自己二十年！更甚的是，從這個信念我衍生了另一個根深蒂固的信念：「我不能夠維持一段深刻、親密、有愛的關係，長久親密的關係對我是一種負擔！」Fr. Chris 說：「一個細小的判斷會衍生很多其他的判斷，活在判斷中，我們的生命就會失去活力。」

又有一次，我提到自己在靜修時，看見自己的「自私」和「競爭」的習氣。Fr .Chris 問：「妳『自私』和『競爭』是在保護自己甚麼？換句話說，妳的需要是甚麼？非暴力溝通中不存在『自私』，也不存在『競爭』！從另一角度來看，妳只是在照顧自己的需要，妳是在對自己慈悲。妳若能夠欣賞妳在為自己做事時，便是對自己的慈悲。自我接納是人生最重要的事！」他又指出「自私」是判斷用詞，要小心避免無意識地使用。

某一天，我們在討論衝突的課題時，我說：「我發現正面能量能鼓勵和引發正面能量。」聽後，他提醒我避免使用「正面」或「負面」的用詞，因為這樣會陷入判斷。Fr. Chris 說：「與其說『正面能量能鼓勵和引發正面能量』，不如具體一點描述，如『能幫助我們回到當下的能量』、『生起和諧的能量』、『引導我們生命方向的能量』等等，這樣會幫助我們脫離頭腦的判斷。」

六、生命引導

　　2017 年 7 月，我前往斯里蘭卡參加非暴力溝通國際資深培訓課程（NVC IIT），期間遇上 Fr. Chris，他是耶穌會神父，非暴力溝通認證導師，亦是內觀禪修者。我們有相同的宗教，同樣熱愛非暴力溝通及禪修，因而有很多話題。

　　感恩 Fr. Chris 每天大清早為我們舉行彌撒。想不到參加非暴力溝通培訓都能參與彌撒，太幸福了！一天，彌撒過後，我和 Fr. Chris 留在祈禱室聊天，他對我的故事非常感興趣。我便從自己十八年前離婚的故事說起⋯⋯

　　1999 年生命送來包裝了的「禮物」──離婚。在肝腸寸斷時，我看見一歲半的女兒拿着電話筒「扮哭」，這一幕，我驚醒了！「不！我不能如此過日子，這關乎兩條人命！而女兒才開始她的人生，不能像我含淚過日子！」於是當下決心，凡能幫助我走出痛苦幽谷的方法，我必去試！就這樣，我走進了探索內心的旅程，上過無數的工作坊、課程、禪修，幫助自己站起來前行。因為愛，我常思索：「怎樣把離婚對女兒的影響減至最低？怎樣對她的成長最有利？」也常自問：「女兒最需要的是甚麼？」幸運的是 2001 年，我遇上了一行禪師及其僧團。2002 年暑假我帶着四歲的女兒到法國梅村參加為期一個月的夏日靜修營。正念在我們家發酵了，我接受了「五項正

念修習」，往後的生活便以此作為生活的指南。在正念的光照下，我們走在療癒、轉化和滋養的道路上。我和女兒都努力修行，大家都有不少的轉化，逐漸脫離單親的痛苦「宿命」……

　　我說了差不多一個小時停頓下來時，Fr. Chris 問：「Christine，妳為甚麼去梅村呀？」我當下愕然，心想：「我不是剛剛說了嗎？說了一個多小時，不就是說了我為何會去梅村嗎？你沒有聽到嗎？」正想張口說話時，我忽然覺醒這幾天觀察 Fr. Chris 有「靜默的雷鳴」的特質，他不隨便發言，常常默默地存在、觀察，但他一開口，大家都會靜心聆聽。有他在，一切都會變得安然有序。我知道這不是普通的問題，於是靜默不語。過了一會兒，他慢慢道來：「妳是被引領去梅村的！我們的傳統（天主教）就是缺乏正念，我們需要正念作補充。妳去梅村，可以豐富我們基督宗教的修持。」我腦海快速閃現過往曾被引領的種種片段……

　　離婚初期，當我哀傷悲痛到極點時，最能依靠的是天主；當憤怒難眠時，最能安撫內心是聖經的話語；當驚慌至心亂跳時，祈禱讓我安靜下來。多少次的靜修打坐，我聽到天主的聲音，感到主耶穌的安撫，獲得指引。
　　一天獨處時，浮現了過往因與人較量的辛苦感受，

我哭了，哭了很久，可憐自己這麼多年來這樣過活。我坐在床上，向窗外的天空祈禱，告訴天主我很辛苦，我很傻。我肢體軟弱無力伏在窗台上，盡情地哭。當我哭完時，忽然聽到一把聲音說：「毋需比較，妳已足夠。」聽到這話我哭得很厲害。我像躺在母親的懷裏，哭了很久才停。

有一次，在感恩祈禱中，我聽到訓誨：「讓妳去接觸那麼多課程，是希望妳在往後的日子能幫助他人，包括幫妳的女兒和……」

很多次打坐靜修時，我腦中浮現了成長過程裏未經處理的擔憂和無奈的片段：多少次我跪在地上，伏在主耶穌懷裏，祂一下一下地掃着我的背項安撫着，像父親呵護着女兒，我哭了。

2003 年 6 月的一個早上，我打坐時，主耶穌站在我面前，伸出右手，邀請我站起來……我不願起來。邀請、拒絕，重複了幾次後，我說：「我寧願坐，不想行走，因我知道行走會很辛苦。」主耶穌不為所動，我知道主意已決，伸手給祂，並且說道：「好，我跟着祢走，有祢，怎樣辛苦我也不怕。」就在當天坐車上班途中，我浮現了寫書的念頭，寫書的兩年真真切切地體驗上主的引導。書寫完的當兒，我受洗成為天主教徒……

所以，當 Fr. Chris 說到被引領時，我感動得淚水簌簌而下，幕幕曾被引領的畫面再次浮現。沒想到我去法國梅村，都是「被引領」的。猶記得當時在梅村，我刻意不祈禱，因我想，到佛教道場就別提耶穌了，心中隱隱像在「背叛」天主似的。現在，Fr. Chris 說我是被引領去梅村的，我是多麼震撼！我的身體彷彿從地上升起，漂浮至天花板上，我往下望，在四維空間望向三維空間的自己，一切是那麼流動、溫暖，那麼安全！心動，淚湧！

　　不一會，Fr. Chris 又徐徐地說：「妳也是被引導來斯里蘭卡的，因為這個世界需要非暴力溝通。」這更是驚訝！怎麼？從來，我只知道我需要改善自己的溝通能力，渴望能改善人際關係。遇上非暴力溝通，感覺很有用，便順應自己的心去追求，結果來了斯里蘭卡，是我自己選擇而來的……怎麼也是被引領？原來一切不是我選擇，我只在回應！對生命的探索、靈性的追求，我從未懈怠過，任何能讓生命成長的東西，有緣遇上了，我都保持開放的態度，虛心學習。成長、自由、離苦得樂、分享生命一直是我的追求。但原來不只是我的追求，而是被引導去追求，原來我一直被引領到愛和光之中，原來我是被更大的生命看見和關心着的！何等幸福！溫暖、感動、觸動，淚水像決堤似的，滾滾而下。

七、活出生命

2019 年 1 月 ，Fr. Chris 在南韓帶領完非暴力溝通國際資深培訓工作坊後路經香港，我們有緣再聚。在進餐的時候，我發現他右手不斷顫抖。在斯里蘭卡時，我沒有覺察，於是我問：「Fr. Chris，你的手怎麼了？」他緩緩地回答：「啊，自從發生交通意外後便出現了，我想是手術後遺症⋯⋯」

> 當時（2004 年），他在斯里蘭卡的首都科倫坡參加完會議，回家途中，來到一條小村莊附近。當時正值午夜，他的司機打瞌睡把車子撞向一輛貨車，貨車陷入了他們的車子，夾着他們的雙腿。村民用鐵棍撬開車門，把他們從車子拖出。救護車大約在半小時後才抵達。
>
> 這是一個非常特別的時刻，對他來説，是很不尋常的經驗。發生時，他最深刻的記憶是，他當下全然臣服，毫無抗拒，允許一切發生的發生，他一點也不覺得痛，反而感到異常開心。對此，他感到非常驚訝！當時，他的司機不斷在痛苦呻吟，他便在旁安慰。忽然，他腦海浮現了一個名字，是一位醫生的名字，但他不認識那位醫生。當他被送到醫院時，他告訴醫院的人要去那位醫生那裏，但他們説：「不、不、不，這裏有非常優秀的醫療團隊，也有非常出色的外科醫生，我們會盡心照顧你的。」但他堅持要去看那位醫生，他們最後把他

送到那位醫生的所在醫院——在科倫坡的一所醫院。

他後來得知那位醫生是全斯里蘭卡最好的外科醫生。由於他的膝蓋骨碎了，不能鑲鋼支，於是醫生把他的股骨移植到膝蓋，一共做了四次手術，每次都非常成功。這是非常有趣和充滿恩典的意外，因為在整個復元的過程中，包括康復的三、四個月，他都感到非常喜悅、平和與快樂，來造訪他的人也見證了這事實。雖然這是一宗非常嚴重的交通意外，但對他而言，這是恩典，也是很大的祝福！

Fr. Chris 說：

「我體驗到當我完全臣服，奇蹟就會發生，當下我所需的一切知識會自動呈現。我們不斷學這學那，學習很多東西，其實所有的智慧已經在我們之內。只要我們打開自己的心，連結生命，我們所要的所有智慧已經在那裏。我們若能真正臣服，所有需要的智慧會臨到我們這裏，只因我們抗拒，這些智慧不能臨到我們跟前協助我們。當我完全臣服，痛楚自會消失。臣服是恩典，我們只需要開放自己。回到當下，與生命連結，我們就真正活起來。

每一個人都有一個故事，重要的是我們要認出自己的故事不只是故事，而是生命的道路。在我們生命發生的每件事，都是生命道路的一部分。當我們看見道路，就會開始放

下並且停止堅持。生命中沒有東西需要扔掉，它們全是我們生命的部分。生命的每個經驗對我們都非常寶貴，能清楚地看見並整合，是珍貴的。生命永遠不會跟我們作對，它任何時候都在支持我們。生命呼喚我們覺醒，它會以某種方式來呼喚我們。很多簡單的事發生，我們可能說是巧合，以為它只是一宗意外，其實不是巧合，而是生命在呼喚、在引導、在帶領我們。

　　我們之所以痛苦，是因為不斷在抗拒生命。很多時，遇上痛苦，我們便迴避、逃離、對抗，令生命充滿抗拒，因此繼續受苦。因為抗拒，我們不能在當下有所覺醒。越少抗拒，我們越能感受生命，越能活出生命。這不是關於我們做甚麼，而是關於生命為我們開放甚麼，引導我們去服務。我們要做的是對生命的引導保持敏銳、開放，讓生命如實地呈現，允許生命活出它的圓滿。停止抗拒，我們便開始與生命站在一線，允許生命引領我們，帶領我們到需要去的任何地方。」

第二章

從覺察認識對生命的抗拒

我們一旦判斷，進入思想、故事之中，便遠離了當下。判斷讓我們的身心收縮，空間變小。判斷，把我們的焦點從需要中拉走。判斷時，我們不在當下，焦點離開需要，因此，我們感到不穩、沒力量。

曾經發生一件讓我感覺「被背叛」的事情，我感到受傷、難過和憤怒。這事觸及舊日傷痛，令我不容易平復。我用了各種方式面對，還是不時湧現情緒，這樣的情況持續了好幾天。某天，情緒又湧現，腦海喋喋不休地說：「我有權有情緒，我有權生氣，我要如實做自己，我要發聲，我要保護自己，我要⋯⋯」聲音越來越多、越來越嘈，越來越強，我感到頭脹，渾身滾燙，就像快爆炸一般。忽然，內裏浮現一把聲音：「Christine，你要保護的那個『自己』真的是你自己嗎？你要為她發聲的那個人是誰？真的是你嗎？⋯⋯」

後來，我與 Fr. Chris 分享此事，他跟我說：「妳要保護的那個『自己』，妳要為她發聲的『自己』，妳要做這做那的『自己』，其實就是小我。小我是虛假的自我，它並不真實。小我

的呈現是對生命的抗拒。」

　　抗拒常常存在，它幾乎是每一個人都經驗過的事，譬如，當你坐在一處不到五分鐘，你的心便開始四處遊蕩，思前想後，不能安住當下，這便是抗拒了。我們可以看到生活中充斥着各種各樣逃避生命、抗拒生命的方式。抗拒是指障礙我們與生命連結的、不願意對生命臣服的思想和行為。抗拒基本上就是與生命失去連結。當我們不喜歡當下生命能量的展現和方向，便會做各種事情來「改變」現況，或修理，或迴避，或分散注意，此時就是在抗拒生命。我們的心常常創造抗拒。抗拒是我們的想像、是我們的思想、是我們的信念。一旦我們覺得當下不夠好，要尋找「更好」時，抗拒便出現了。例如你認為要在另一個國家生活才會感到快樂，留在目前的地方生活就會受苦時，這便產生了抗拒。我們抗拒如實接納事情的本來面目，我們拒絕改變。如果我們認為這條路很困難，因而不願意前行，不想離開舒適區，便會帶來很多痛苦。我們的心智創造了「舒適區」。如果我們在任何地方都感到舒適時，就沒有所謂舒適區或不舒適區了。「舒適區」僅是我們的心智所造，它是用來抗拒和逃離內在痛苦和束縛的自我保護機制。總括來說，小我所做的一切，都是不同程度對生命的抗拒。

　　抗拒常常存在，可是我們未必覺察它，無覺知時，抗拒可以使我們變得很痛苦。如果抗拒佔據了我們大部分的生命，我們便如活在夢中，不能在當下有所覺醒。生命的本質

是流動的，抗拒將我們帶離生命之流。我們需要從夢中醒來，看見抗拒，覺察抗拒，讓生命活現，與生命成為一體。

一、覺察抗拒

小我的呈現是對生命的抗拒。認出小我，有助我們覺察抗拒。靈性導師艾克哈特‧托勒（Echart Tolle）在他的著作《當下的力量》和《一個新世界》中對小我有很詳盡和清晰的描述。他指出，小我的特徵就是對外在形相的認同：認同物質、認同自己擁有的東西、認同曾發生在自己身上的事情、認同思想、認同情緒、認同喜好等。由於認同外在形相，小我便試着在事物之中尋找自己，深信不斷地「做」，相信「做更多」，累積足夠時，最終便會圓滿。於是追尋更多，認為擁有越多，「我」的存在越多。由於真正的我不在外在形相中，無法在「擁有」中找到自己的生命，內心無法滿足，便渴想用物質來填滿自己的生活，於是常常「想要更多」、「要更努力」、「要不停做」，因而陷入惡性循環。

小我認同外相所衍生的思想、行為特徵：擁有某些東西時，就覺得比人重要、優越；缺乏某些東西時，就覺得遜於他人；當別人擁有較多、知道較多、做得較多時，就感覺備受威脅，縮小自我價值；不經意炫耀自己擁有甚麼甚麼，以增加自己在他人眼中的自我價值；試圖批評、藐視其他人來「提升」自己等等。小我會無意識地保護所認同的，處處

防衛，人我分離，產生分離感，執着於我對你錯的觀點，覺
得事情都是衝着自己而來的，防衛心強，以受害者自居。小
我會以別人的眼光來看待自己，自我價值感受限於別人的眼
光。小我認同外相，可是所有形相卻是稍縱即逝的，常被不
安全、恐懼所圍繞。由於外相不能真正帶來滿足感，因此常
感到不滿足、不完整、匱乏和飢餓。此外，常常出現煩躁、
沉悶、焦慮、憤怒、怨恨、責怪、抱怨、漠不關心等等情緒。

二、細聽抗拒

　　抗拒常常存在，只差我們有沒有覺察。覺察抗拒，才能
走出抗拒。覺察抗拒是重要的。在此，跟大家分享一個覺察
抗拒的練習，就是邀請「抗拒」對話。

 練習一

　　我是這樣練習的：首先，我把「抗拒」擬人化，我視他
為朋友，邀請他來到我跟前，我微笑對他説：「『抗拒』，
歡迎你！我想認識你，你可以展現給我看嗎？你可以告訴
我你是怎樣呈現在我的生命中嗎？」

　　「抗拒」回答：「謝謝你的歡迎！我很高興也很詫異，
你竟然歡迎我，以往我出現時，你都會迴避或視而不見。
今天你竟然歡迎我，真的很詫異，不過我很高興！你問我
可否展示自己給你看，其實我一直都在展現我自己，只是

你沒有覺察而已。我遍及你的身體、感受、思想、說話、行為、各種身心反應中，讓我慢慢告訴你吧！」

- **我存在於你的身體反應中**

  我出現時，你的生命能量便不流動，你的身體會收縮、繃緊、沉重、無力、麻木、堵塞等等。

- **我存在你的感受中**

  我與你的恐懼息息相關，因為人們都很不習慣走進「不知」，因為不能預知，所以會感到害怕，這時我便出現了。你知道嗎？要是你能與你的生命連結，你會感到流動、自在、輕安、愉悅的。一旦你與生命中斷連結，你的內心便出現繃緊、緊張、焦慮、不安、煩躁。如果你常感不滿足、不完整、匱乏、孤單、疏離、沒歸屬感、無力等，特別是出現憤怒、抑鬱、內疚、羞恥等情緒時，我就出現了。

- **我存在於你的思想裏**

  我出現時，你腦海會出現很多判斷、批評、指責，批判自己「不夠好」、「比人差」，還相信它、認同它，把自己等同它。我出現時，你聽不到自己最純粹的感受和需要，因而感到孤單、疏離。我在時，你的腦海可能出現下面的「聲音」。例如，二元對立：好壞、對錯、應該不應該、正常不正常等；人我分離：你認為自己是一個

分離獨立的個體，你是你，別人是別人，將你自己與他人分離；等同：你相信並且將你自己等同於你內心編造的故事和思想；無價值感：認為自己不夠好、不足、匱乏、不值得、有缺陷、對自己的弱點感到羞愧、自我憎恨等。此外，你會判斷自己和他人，覺得事情都是衝着自己而來，防衛心強；認為自己擁有絕對真理，自己是對的，人家是錯的等等。

● **我存在於你的行為中**

我呈現時，你可能出現的行為是：沒精打彩，不想做事；拖延處理事務；不想面對某些人和事物；認為此刻不夠好，要不斷努力；將自己的情緒歸咎於他人，認為別人該為自己的情緒負責任；不願承擔責任；不肯接納他人意見，堅持自己的想法或做法是最好的；不肯認錯；命令他人做事等等。此外，我很多時會隱藏在這些行為中，一般人難以覺察的：如果別人沒有預留你份兒，你便生悶氣；某個場合裏，A君只望着B君說話不望你，你內心便感到很不是味兒；人群中渴想自己成為眾人的焦點；總要突顯個人成就、能力，要鶴立雞群，跟人比較；做事為的是滿足小我；吹噓與名人相識、相熟，以引人注目；內外不一，表面樂觀開朗，內裏孤單或害怕等等。

● 我存在於你的語言中

我存在於你在標籤他人中，當你對別人説：你很醜、你很壞、你錯了、你很笨、他是個壞學生、他很貪吃……我便出現了。當你説令人產生內疚的話時，如：你不聽我説令我很生氣、你説這話令我很傷心、你這樣做令我很失望等，我已呈現了；當你在説沒有選擇之語言時，如：必須、一定、不能、應該、不得不……等等，我便出現了。如果你或他人做了一些與你的價值不相符的事時，你便作出道德判斷，即基於對錯、好壞的判斷，如：「你真失敗！」「簡直荒謬！」「你不顧他人！」等，我又在其中了。

＊　　＊　　＊

「抗拒」一口氣地説下去，聽後，我衷心向他道謝：「『抗拒』，謝謝你！我現在了解你更多了，你真的無處不在。原來你有那麼多形相的，我希望認識你更多，跟你更熟悉，感謝你的呈現和解説！」與「抗拒」對話，提升了我對抗拒的覺察。

對於抗拒，我們不是要消滅它，而是保持開放的心為它臨在。當我們能為抗拒臨在時，抗拒自然會融化。抗拒出現時，我們不急於做任何事，也不要嘗試移走它，最重要的是

允許它，讓它自然存在，陪伴它，接納它，抗拒會在覺知中
融化。

三、道德判斷

　　道德判斷是抗拒的另外一個形相。道德判斷是基於好
壞、對錯、應該不應該而作的判斷。由於道德判斷對我們影
響深遠，接下來我們便專注探討道德判斷（下面簡稱判斷）。

1. 體驗「判斷」帶來的影響

　　2017 年 9 月，我在印度接受非暴力溝通的培訓時親身
體驗到一個相當震撼的經驗。這個體驗讓我深深體會到判斷
令人無力，失卻生命力量。但將焦點、意識放在自己的需要
時，我們就會變得安穩、有力量。

> 　　導師叫我出來做示範，他叫我坐金剛坐，他則站在
> 我面前，雙手按我雙肩，把我一推，我隨即後仰倒地。
> 導師身形體重多我兩倍，他推倒我是輕而易舉的事。第
> 二次，他同樣推我，不過，他叫我深呼吸，並將意識放
> 到丹田。這次他不那麼容易推倒我。第三次，他依然推
> 我，這一次，他吩咐我雙手托着他的手肘，眼睛沿他的
> 手臂肩膀方向望到二千米以外的地方，有多遠望多遠，

同樣深呼吸，氣聚丹田。他推我，我紋風不動。第四次，跟第三次一樣，不過他忽然怒目瞪眼，向我大罵：「妳是一個大笨蛋！」我心生反應，立即倒地。第五次，跟第四次相同，他同樣大罵，但他指示我聽到那罵人的話時，不要理會那些話，而在心中重複地唸着自己的需要，將意識放到需要上。我氣聚丹田，眼望千里，心唸：「我需要尊重！我需要尊重！我需要尊重！……」他推，推不倒我；再推，我穩如泰山。接着，他叫了五名男學員出來，他們一個接一個排成一列，像火車車卡，每個人搭着前面那個人的肩膀，一起來推我，我如是心唸自己的需要，意在丹田，眼望遠方，六個男人，用盡九牛二虎之力，竟推不動不到一百磅體重的小女子！多麼震撼！

2. 體驗「判斷語言」帶來的影響

練習二

　　請你閉上眼睛，慢慢呼吸幾下（停留五下呼吸時間），邀請你將注意力放到頭部，感受頭部，對頭部微笑（停留三個呼吸時間）慢慢將注意力從頭部移到面部，感受面部，對面部微笑（停留三個呼吸時間）……頸……肩膀……感受全身，感受此刻放鬆自在的感覺。

此刻，請你繼續閉上眼睛。等會兒，當你聽到鐘聲的時候，請你用你能聽到的音量說：「我無價值，我不值得！」你很相信這句話的真實性，真的相信自己是無價值、不值得，要說到你清楚聽到，放慢來說，不停地說，直到鐘聲再響起為止。

練習後，此刻你也許感受到：身體感覺——沉重、收縮、緊繃、能量堵塞……；內心感受——沉重、無奈、無力、疲倦、麻木、沮喪、難過……；頭腦——混沌、混亂、模糊不清……這個體驗讓我們發現，判斷會令我們的身心收縮、繃緊、障礙清晰和連結，它會令我們看不清事實。

在情緒事件中，我們最容易看到自己的判斷語言，包括說話和身體語言（請依照下列指引）。

練習三

現在邀請你回想一件因別人或自己而引發情緒的事件。當時你有何反應？說了甚麼話？做了甚麼事？如果事件按嚴重程度分為十級，「十」代表非常嚴重、沉重的事件，「一」代表非常輕微的事件，請選擇一件對你來說是大約五至七級的事件，不要選擇太沉重或太輕微的事件。太沉重怕我們處理不了，太輕微又出不了效果，所以選擇五至七級的事便好，它令你現在回想起來，仍有點不舒服、或感困擾。

我以自身的故事——「音樂會音響事件」作例。

音樂會音響事件

時間：

2017 年 10 月 13 日晚上 7 時

地點：

　　一間平日舉辦工作坊，大約一千呎左右，只有普通音響設施，沒有舞台喇叭設置的室內，我們把這場地化名為「夢工場」。

背景：

　　「夢工場」常被借用。音樂會之前，我們沒法到現場綵排，只能在音樂會開始之前的半小時抵達，作最後綵排。

人物：

　　我們一團共六人。女兒思齊是主唱兼彈結他，有一位小提琴伴奏，一位大會司儀，以及我和另外兩位帶領正念修習的導師。

事件：

7 時：我們六人抵達音樂會現場綵排，試音響。

7 時 30 分：「正念喜悅原創音樂會」開始。

　　我們發現這裏沒有舞台喇叭設置。女兒試麥克風時聽不到自己的聲音，她要求調高音響的音量，但觀眾席聽到的聲音很刺耳。我們都覺得這音量已達到極限了，但女兒仍然堅持己見。我看見負責音響的義工面露難色，女兒又

失去常態，其他人愛莫能助⋯⋯

　　我的反應：

　　行為：感受到現場各人的拉扯、不安、緊張，便試圖去解釋、修正、解決問題，想制止女兒，不讓她發聲。

　　言語：「再大聲很刺耳！」「不如將舞台位置轉到有喇叭的位置⋯⋯」「你可以冷靜點嗎？！」「你就不可以遷就一下嗎？！」

　　思想：害怕女兒得罪人，也擔心音樂會沒有平靜喜悅的氣氛。內心聲音──「不聆聽他人」、「不合作」、「吹毛求疵」、「不成熟」、「有甚麼大不了」

　　身體：坐立不安、心卜卜亂跳，渾身發滾。

　　剛才你回想起的那事件，請你寫下當時的反應，你有何行為、言語、思想和身體語言？能寫多少就多少。

　　行為：把門大力關上，離場⋯⋯

　　言語：「你聽到沒有？」「我要說多少次？」「夠了！」

　　思想：「同你講都無用」、「我真笨」

　　身體語言：黑臉、默不作聲、把臉轉向另一邊

　　看，當不如意的事情發生時，我們的反應──行為、說話、思想和身體語言，大致可歸類為指責（他人），或自責，或判斷。這些反應會為我們的關係──自己與自己，或自己與他人，帶來甚麼影響？

大家不妨找一位朋友、家人或同事跟你練習。

 練習四

練習如下：

- 你們二人面對面坐好，每人用一分鐘簡單分享自己的案例——事件及自己的反應，然後在事件的反應中，提取一個最核心、最能反映你當時狀態的一句說話，或一個動作或姿勢，或身體語言。譬如在「音樂會音響事件」中，最能反映我當時狀態的是，我瞪着眼、氣着說：「你就不可以遷就一下嗎？！」請你選出你的代表話語或代表動作。

- 你們二人之間定出一個人扮演阿A，另一人扮演阿B。首先請阿A告訴阿B自己的哪句代表話語或哪個動作最能反映當時的狀態。B先複述一次A的代表話語或動作，讓A核對一下是否正確。然後用一分鐘的時間，B連續不斷地說或做A的代表話語或動作，A則靜靜地感受、體會，不可作聲，直到時間完結為止。完結時，深呼吸感受一下此刻身體的感覺和內心感受：此刻無論身體有甚麼感覺或內心有甚麼感受，都嘗試去接納它，允許它自然存在。同時，感受一下身體哪個部分感覺特別強烈？可以深深地吸一口氣，吸到最強烈的地方，然後，深深地呼出，可以將意念放到身體的四肢上，讓能

量沿着四肢釋放。做五下呼吸後，相信大家會感覺放鬆一點了。

- 然後，調轉角色，由A連續不斷地説或做B的代表話語或動作，B靜靜地感受、體會，不可作聲，直到時間完結為止。同樣，完結時大家做幾下深呼吸，以幫助大家釋放在活動中引發的情緒。

過程中你有何感受和體會？在非暴力正念溝通工作坊的學員，通常在這個練習裏有深刻的感受和體會，他們表示感到很難受，覺得很煩躁、想躲藏、想逃離，甚麼也聽不進去，身體僵住、繃緊，很想反擊，覺得自己做甚麼也沒用，中斷連結……

我們的判斷語言只會導致我們與人失去連結。剛才大家經驗到了，對方接受到的只是我們的情緒能量，而非我們真正想傳達的訊息。想一想，事件中，你心底的意圖是甚麼？我相信你是想更了解對方，也想對方更了解你。你想與對方有更多的連結，是不是？甚至，你可能想向對方傳達愛和關心，同時希望他能接收到這份愛和關心，是嗎？你的心底也許渴望能令對方的生命更豐盛吧？可是，順隨慣性的判斷語言，結果只會導致失去連結，引發防衛、抗拒、反感，產生痛苦。這完全與我們的原意相悖。你們有沒有想過，既然判斷語言無效，為甚麼我們仍然重複又重複地做？大概是因為

我們根本不覺察判斷語言無效吧！或者，就算覺察了它真的無效，卻不知道有更好的方法代替，還沒有看見其他更能滿足需要且代價較小的方法，或者知道了有更好的選擇，卻無法脫離舊有的慣性。

　　判斷讓我們的身心收縮，內心空間變小，使我們感到不穩、沒力量，判斷障礙清晰度、溝通，亦障礙連結和慈悲的流動。判斷為我們帶來很多痛苦。一旦判斷，我們便進入思想、故事之中，遠離當下，失去了生命，因生命只存在於當下。人們深受判斷之苦，學習從判斷中解脫，活出自由是非常重要的。判斷可以說是導致誤解的一個捷徑，大多數的衝突來自判斷。我們很習慣充滿判斷的生命，生命中越來越多判斷時，我們就開始以頭腦思維去生活，就不能與自己的心同在了，判斷關閉了我們的溝通。有時候，我們雖然只在心裏判斷，沒有說出來，但別人仍會嗅到和感覺到的，繼而慢慢迴避我們，這是很多人的自然反應。如果我們不下判斷，對方與我們相處時會感到很自在。

　　連結是生命重要的部分，所有人都渴望與他人連結，我們所有的努力都是想與人連結，尤其是對我們所喜歡、鍾愛的人。判斷使我們與自己和他人的內心失去連結。當我們判斷時，這便是一個清晰的訊號，是在說我們與自己的心斷了連結，我們與內心感受和需要的聯繫中斷了。如果我們不想與他人中斷溝通，便要覺知自己的判斷，嘗試避免下判斷。雖然連結很重要，但我們不容易做到與人連結，就算那些靈

性修習了很多年的人，他們一直想與人連結，但仍然感到與他人連結非常難。為何連結那麼困難？它既然那麼重要，而且那麼多年來都在嘗試做，為何仍是那麼困難呢？佛教指出，我們的最大問題是無明，因為無明，我們不理會別人、不與人連結、不認識他人，同時也不理會自己，不與自己的需要連結。

　　怎樣能讓我們減少判斷？怎樣與人有更多連結？判斷阻礙我們內心慈悲的自然流露。慈悲是我們的本質，它是很自然的東西，我們每一個人都很自然地流露慈悲。可是，當我們判斷自己或判斷別人時，便限制和障礙了慈悲的流動。如何不障礙慈悲流動呢？我們要對判斷有所覺察，培育清晰的覺知。當覺知能力漸漸提升時，我們便較容易看見對自己和他人判斷，較能看到自己和他人的感受和需要，也較能看到我們是多麼容易錯過自己和他人的感受和需要。我們要檢視自己關於判斷的思考和判斷的語言。很多時，我們所用的判斷思考和語言對我們來說是不清晰的，所以我們要多一點覺察。我們要學懂培養覺察判斷的能力，譬如憤怒時，如能覺察憤怒，我們便開始能觀察到自己對他人的很多判斷，判斷告訴我們當下與自己的心失去了聯繫。當我們發現與自己的心中斷連結時，記住別去罵對方，這是沒用的，猶如家中電力中斷時，去罵電力公司是沒用的，我們唯一要做的是重新連結電力。

　　提升覺察判斷的能力，將判斷轉化為觀察，與他人連

結、同在。與對方同在是指與不判斷同在，不判斷的同在能讓溝通之門繼續敞開。

第三章

慈悲為本的力量——真心的語言

非暴力溝通的四個基本步驟是：觀察、感受、需要和請求。我們學習觀察，避免判斷，去接觸並接受自己的感覺，透過感覺去發現自己內在真正的需要，並為了滿足需要作出請求。

一、非暴力溝通——真心的語言

非暴力溝通創辦人馬歇爾（Marshall）說，非暴力溝通並不是說我們不要判斷或評價人們的行為，而是說我們不要基於對錯、好壞作判斷和評價，繼而作出懲罰或獎賞。非暴力溝通是基於生命判斷和評價，即基於需要是否得到滿足來判斷或評價，讓對方知道我們的需要因他的行為而得到或得不到滿足，我們因此生起甚麼感受。這種基於感受和需要的判斷叫做價值判斷（value judgment）。

馬歇爾認為，非暴力溝通不是一種新的語言，而是我們生命一開始就會說的語言，正因為我們天生就會說這種語言，人類才能夠生存到今天。他把這種語言叫做「長頸鹿語

言」，因長頸鹿是陸地上心臟最大的動物，頸很長，所以能看得很遠，於是他以長頸鹿比喻這套溝通方法，成為這套語言的象徵。這套語言是從心而發的一套語言，很直接，肚子餓時，我們說肚子餓；憤怒時，我們說憤怒；傷心時，我們就會哭。後來我們學習了另一種語言，肚子餓時，我們不說自己餓，而是埋怨別人不準時弄好食物，指責別人不是。可幸，我們的母親懂得這種長頸鹿語言。人類如果不是一早使用這套長頸鹿語言，人類可能根本不能生存下來了。

不幸的是，今天我們常常說的那套語言充滿判斷、標籤、指責、分析，用來找對方錯處，馬歇爾把它叫做「豺狗語言」。他說，這是我們的需要得不到滿足的可悲表達方式，因為這樣的表達方式難以讓我們的需要得到滿足。這套語言是我們後天學習被教育得來的。我們需要回到我們與生俱來的語言，它幫助我們表達感受和需要，放下埋怨和判斷。

非暴力溝通的基本假設是，我們所做的每一件事情都是在滿足自己內在的需要，所以，判斷也是在嘗試滿足需要的行為。一旦把判斷連結需要，判斷就變成一件美事，因為判斷出現，等於是在表達需要，而需要是對任何人來說都是美好的東西。從這角度來看，判斷是一件美好的事情。我們對判斷保持開放態度，明白其背後的需要，判斷便不是問題。只要我們理解這一點，便不會抗拒判斷了。判斷是對需要極度渴望的表達。學習將焦點放在需要上，不要放在判斷的話語上，能幫助我們真正連結自己和連結他人。我們所做的一

切，所有的行動，都是在嘗試滿足需要，需要對我們是何等重要！所以把需要連結到判斷是一件美麗的事！非暴力溝通之所以要區分「豺狗語言」，即道德判斷的語言，是因為它難以讓我們的需要得到滿足，且不能讓我們內心有所連結，甚至破壞關係。

學習非暴力溝通的四個步驟，能幫助我們脫離判斷語言，帶領我們從頭腦去到心的地方，說真心的語言，讓我們的慈悲本性自然流露，令慈悲的給予和接收自然發生，豐盛彼此的生命。非暴力溝通的很多教導和技巧都是關於怎樣與人連結的，它的四個步驟，就是幫助我們更有連結，它需要有四種能力：觀察的能力、感受和表達需要的能力，以及請求的能力。這就是非暴力溝通的四個基本步驟：觀察、感受、需要和請求。

二、非暴力溝通的四個步驟

1. 觀察

非暴力溝通的第一個步驟是觀察，是沒有評價和判斷的觀察。活出非暴力溝通是在生命中不作判斷，而是停留在觀察上。非暴力溝通連結的修習，是修習如何將判斷轉化成觀察及停留在觀察中。「長頸鹿語言」建基於觀察，而非建基於判斷或評價。我們溝通的困難是來自評價或判斷的習性。學習如實接受對方，不判斷他人，不帶評價地觀察是連結的第

一步。

　　觀察是對事物的描述，描述實質發生了甚麼事，描述事件中能被看見和能被聽見的事情，就像一部攝錄機，把事情發生的經過攝錄下來，記錄時間、地方、動作和聲音。在描述外在發生的事物時，我們可以想像自己是一部正在錄影的攝錄機，能描述動作、姿勢、顏色、話語；我們也可以想像自己是在錄口供的偵探，要的只是「事實」，不加添個人的觀點、評論或感受。觀察是對某一件事情中性、具體、特定的描述。外在發生了甚麼事？別人做了甚麼或說了甚麼？觸發了我甚麼行為、言語？這是外在觀察。觀察也可以是對內的。外在發生的事情觸發了我內在的甚麼經驗？我內在的思想、感受、身體感覺是甚麼？這是內在觀察。觀察是清晰告訴對方，我聽到、我見到、觸發到我的東西。某程度上，是向對方交代，在我的角度，我看到甚麼，而讓對方容易聽得到。

　　純粹的觀察，客觀的描述不容易做到，甚至是不可能的！很多時，我們的觀察帶着濃厚的主觀色彩，就像戴了一幅沾滿塵埃的眼鏡，影響視線，在描述事件時，加入很多主觀的見解和分析。我們難以單純地描述所經驗的事實，說的往往是我們對所經驗事情之解讀。經驗是一件事，加進了主觀見解是另一回事。觀察是主觀的，同一件事，就算你把它拍下，大家描述片中所見的，都會與我們的過去、關注點、需要有出入。你選擇了這部分來說，我選擇了那部分來說，

你在講事實的一部分，我在講事實的另一部分，就像瞎子摸象一樣。我之所以選擇那些來説，因它們與我相關，因它觸動了我從這個角度來看，觀察可以説是主觀的。

此外，我們經歷過的創傷會影響當下的觀點，我們的觀點會影響我們的觀察。攝錄機拍下的東西，我看見甚麼，我記得甚麼，其實是創傷的後遺症。我們每個人都帶着破碎的眼鏡看見不同的東西，所以我們的觀察難以客觀。我們有某個程度的客觀和某個程度的主觀。非暴力溝通所説的觀察就是多點靠近客觀那一方向，我們是在主觀與客觀的範圍游移。

主觀　　　　　　　　　　　　　　　　　　客觀

描述事物時，我們是帶着覺知還是沒有覺知，會有很大的分別。我們要有意識地知道我們會無意識地做事，覺知自己是帶着很多自身的背景、知識、觀點、鏡片來觀察事物，這是非常重要的修習。

我們要知道的是，我們加入了對事物詮釋時，對方很難聽到我們講話，我們很快進入了誰對誰錯的衝突，失去了聯繫，而踏上衝突之路了。不帶判斷、評價的觀察有其目的，我們越清楚表達發生了甚麼事，越不下判斷時，越能讓另一方容易聽到我們，更容易達致大家的需要得到滿足的方案。判斷、評論不是不可以講，只是它是一個需要得不到滿足的

可悲表達，當我們把評論混入觀察時，會減低對方聽到我們的機會，也會減低彼此間的聯繫。

　　覺知我們的觀察只是某個程度的客觀，我們所描述的不一定等於事實，只是讓對方知道，我經驗了甚麼，甚麼觸發了我的情緒，讓大家有一個共同的基礎。衝突發生時，兩個人都有不同的觀察。有時候，大家都不知道自己的觀察是否對。這就是為甚麼馬歇爾刻意把它叫做「觀察」，而不把它叫做「事實」吧！因觀察是一個主觀的東西，是個人主觀的觀察。我們判斷、評價時會無意識地將自己的詮釋視為事實，描述的事情失去了真實性，繼而產生誤解，誤解會引發衝突。判斷、評價會引發別人的防衛，製造敵人形象，然後產生壓力，破壞彼此的關係。觀察讓人聽起來較容易接受，亦更願意開放心靈來溝通。觀察能幫助提升覺察，帶來選擇和彈性，我們因此更自由、自主。觀察能提供較客觀、具體的資料、訊息，幫助我們以多角度看事物，較能找到解決方案。這說明修習觀察為何重要了！

1.1 觀察的心法

　　觀察只能發生在當下，觀察需要一顆清明、平和的心。觀察是一個過程，我們不但要回到當下，還要停留在當下。觀察的語言是從心而發的語言。要說心的語言，我們得回歸內在，回歸內在則要有回家的意圖。我們可以藉着呼吸回到內心的家，允許與接納當下內在所經驗的一切，讓內在的吵

雜聲音止息下來，從而擴大內在空間，讓我們更有距離感來察看事物。通過正念修習，我們直接體驗事實，如實覺察、分辨思想、觀點與信念等，幫助我們進行客觀觀察。

　　觀察並不只依賴我們的感官，如視力或聽力，而是仗賴我們能多大程度打開自己的心。觀察顯示我們有多臨在，就算是盲人，他都能完全臨在，進行很好的觀察。所以觀察的意思不是如何改善我們看得有多清楚，而是我們有多臨在，我們的身心有多開放，這正是與判斷相反。判斷時，我們的心收縮、關閉，因此很難作觀察。盲人眼睛瞎了，他的心可能很敏銳，沒有判斷，心開放，他因此能觀察得很清楚。我們的判斷、執着讓我們看不清楚。

1.2 觀察的技巧

（1）轉判斷為觀察

　　我們在描述事情時，很容易加入很多自己主觀的解釋。很多時我們太肯定自己的「觀察」，以為自己看到了事實的全貌，然而我們只是瞎子摸象，所見的只是事實的部分。一行禪師教我們修習「你確定嗎？」（Are you sure？）這修習有助我們客觀觀察。

（2）檢視思想

　　語言是我們內裏最後出來的東西，行為是內裏最後形成而顯現的舉動。行為、語言都是受內在思想影響的。每當別

人做了與我們價值不相符的事時，我們便很容易將之判斷為錯的、不好的，因此我們需要練習停下來、慢下來，審視自己的思維慣性模式，問：「我確定嗎？」同時問：「此刻我在評判嗎？我有落入好壞、對錯、應該不應該的思維模式嗎？」「此刻我在豐盛自己和他人的生命嗎？是在連結彼此的感受與需要嗎？」這些問題能幫助我們把注意力從頭腦的判斷帶到內心的需要層面上，能產生更多的連結和理解。

每當發現自己在評判時，我們可以停下來探問：「我做了甚麼？別人做了甚麼讓我產生這個判斷？」然後問：「我此刻有何感受和需要？」探索及理解判斷背後的感受與需要，這是一個自我同理的過程。充分同理自己後，我們便有更多的內在空間去理解對方：「他（對方）的感受和需要是甚麼呢？」理解對方的感受和需要後，我們可以確認雙方的需要，然後尋求方法滿足大家的需要。

（3）描述外在事物

在開口說話之前，我們可以思考兩道問題：第一，我將要說的是不是攝錄機能拍下來的？第二，我這樣說對方會比較同意嗎？

- 攝錄機能記錄時間、動作、姿勢、聲音和說話的內容，攝錄機能錄下「她流眼淚」，卻不能顯示「她很傷心」！所以「她很傷心」不是觀察，而是主觀評論；「她流眼淚」才是觀察的描述。

- 攝錄機不能錄影「懶惰」、「自私」、「刻薄」等等。「他很懶惰」是評論；「他睡到下午二時才起床」則是觀察。
- 攝錄機錄不到她「很囉嗦」，卻能錄到她在重複說相同的話說了十分鐘。
- 攝錄機錄不到「經常」，但可以拍攝到出現的次數。「他經常拍打枱面」是評論；「他在三分鐘內拍打枱面八次」是觀察。

　　如果描述的事情與對方有關，在跟對方表達之前，先自問：「我這樣描述，對方是否會較認同、同意呢？」例如，麗娜對她男朋友說：「你不關心我！」這樣說可以想像她男友的反應。但如果她這樣說：「過去一星期，我們只一起吃了一頓飯……」這個描述對方也許較同意所說、較易接受。

（4）描述內在經驗

　　外在發生的事情，觸發了我內在的反應，在表達對自己內在經驗的覺察時，我們可以在句子之前加一句：「我此刻正在告訴自己……」如果我發現內心有一把聲音在批評自己：「我真笨，這麼容易的事都做不來！」我可以將這個判斷語言說出來，並在這句話之前加插「我此刻正在告訴自己……」這樣就變成了觀察的描述：「我此刻正在告訴自己：『我真笨，這麼容易的事都做不來！』」我批評自己說：「修行了那麼多年，還是忍不住罵人，真的很失禮！我真是無用！」同樣用「我此刻正在告訴自己……」的句式開始，後面完全複述說話

內容，包括判斷，這樣就變成了客觀的描述：「我此刻正在告訴自己：『修行了那麼多年，還是忍不住罵人，真的很失禮！我真是無用！』」或者，同樣用「我此刻正在告訴自己⋯⋯」開始，後面盡量複述說話的客觀內容，刪除判斷詞語，即是：「我此刻正在告訴自己：『我已修行多年，會忍不住罵人。』」

對我們內在的身體感覺、內心感受和思想念頭，可以作如下的觀察。譬如，我們可以這樣說：「我留意到我的頭部感到繃緊。」「我內裏有一部分感到傷心。」「我聽到我腦袋有一把聲音在判斷。」我們不說「我感到傷心」，而說「我內裏有一部分感到傷心」，因為這樣讓我們更有距離感、更有空間來觀察。

（5）轉譯「判斷語言」為「觀察語言」

說觀察語言能在「我」與「判斷語言」之間產生距離、創造空間。「我」成為了觀察者，「判斷語言」被「我」聽見了，我能對事情聽得更清、看得更清，較能坦然接受事件的原來樣貌，脫離頭腦的故事，因此變得更自由。轉譯「判斷語言」為「觀察語言」的方法如下：

（i）陳述事情時，如果要表達評論，那就要規範在特定的時間和情景中描述，不要作絕對化或一般性的結論；盡量避免用「經常」、「永不」、「不曾」、「任何時候」等字詞，而是說實際數字，這有助我們表達觀察。

「每個人都說這間餐廳好。」這是絕對化和一般化的結論。如果說：「我問過二十個人，二十個人都說這間餐廳好。」這樣，大家便清楚這是「我問過二十個人」的事實，這是特定情景下的觀察。

「華仔是個出色的籃球員。」這是摻雜了主觀評論的觀察。如果說：「華仔在上星期的兩場籃球比賽中，總共射入了二十五球。」這是在特定時間和情景下的觀察。使用「在……時候」的句式，走向特定情景，能避免一般化。

我們很習慣把個別事件一般化，用了「總是」、「常常」、「永遠」等詞語。例如，女兒最近晚歸，如果母親說：「你總是那麼晚才回家！」這是評論；如果說：「打從上星期五開始，你是連續四天凌晨十二時後回家的。」這樣說的是觀察。

又例如老師對學生說：「你經常遲到！」學生很可能反駁說：「哪有？我這兩天都沒有遲到！」如果老師這樣對學生說：「上星期上學五天，你有三天遲到。」老師列舉學生上星期遲到次數，這是事實，學生也就無可反駁了。

（ii）我們很容易標籤他人，「我覺得他是甚麼」，而非具體描述「他做了甚麼」。

「她很無禮貌。」這是判斷；「我跟她打個照面，我叫她，她沒回應我。」這是觀察。

「他情緒衝動。」這是判斷；「當他得不到他想要的東西時，就會尖叫、哭喊。」這是觀察。

我抱怨女兒說：「我叫妳做事，妳擺出一副不情願的樣

子。」這是判斷；如果我這樣描述：「當我叫妳幫我看看電腦出現甚麼故障時，妳看也沒看就説：『我不知道。』然後繼續做自己的事，我將妳的行為理解為妳不願意幫我。」這是觀察。

（iii）把對方所説的話，完全一模一樣地複述，包括原話中的判斷語言。我們可以用自己的話來説，也可以用對方所説的話，純然複述，不加任何自己的意見、建議或分析。我們也可以只複述事實、內容重點，把原話中帶有判斷的字詞刪除。

朋友説：「我真失敗，該早就看穿她是多麼不可靠，該遠離她。」我們可以這樣複述：「妳在告訴妳自己，妳真失敗，妳該早就看穿她是多麼不可靠，該遠離她。」這樣幫助對方觀察自己的自我判斷。

原話：「他很懶，不顧他人，早上沒有按大會的規定時間起床參與活動，活動在早上 8 時開始，他卻姍姍來遲，在 8:45 才到！」我們可以將「很懶」、「不顧他人」、「姍姍來遲」等判斷詞語刪除，不複述這些字眼，只複述客觀內容：「他沒有在大會指定的時間早上 8 時出席活動，而在 8:45 出現！」這樣能幫助對方脱離判斷，提煉事實，變得清晰。

1.3 觀察的好處

- 表達事實
- 保持心的開放

- 對方聽上去較舒服
- 對方較願意接納我們所説
- 感覺更親近

2. 感受

　　感受能將人連結在一起，感受對建立連結非常重要，感受是人與人之間的黏合劑。我們常常能感到相同的感受，我們若能真誠地對待我們的感受，適當地表達感受，能幫助彼此聯繫。感受重要的另一個原因是感受背後存在需要。怎樣表達和接受感受很重要，不幸的是，我們習慣對待感受的方式是，喜歡的便執着，不喜歡的則避開或拋棄。

　　我們每一刻都在經驗各種感受，它來自我們的感官知覺，是我們特定時刻的內心狀態。感受時刻在變化，它會隨着環境、情境而變，它的本質是來來去去，生起、停留、消失。感受是身體發出的訊息，它告訴我們的需要是否得到滿足。所有感受都是需要的重要訊號，感覺背後是需要，如果需要得到滿足，我們便會產生愉悦的感受，如快樂、舒服、心平氣和、心滿意足等；如果需要得不到滿足，我們便會感到悲傷、生氣、沮喪、恐懼、很不開心等。我們透過感覺去發現甚麼對我們重要及有意義，它是一個警報系統，提醒我們，有些很重要的需要是否得到滿足。例如當我們感到憤怒，憤怒通常與尊重、理解、尊嚴有關，有時候我們未必清楚知道自己的需要，便可透過感受來提醒我們背後有甚麼需要。

我們的社會一般認為表達感覺是不好的事，特別是痛苦的感受，認為顯露情緒等於暴露弱點，因此我們學習忽視、壓抑自己的感受，不但忽視自己的感受，也忽視別人的感受，久而久之，我們便忘記感受，沒能力去體會感受，也不懂表達感受。在成長過程中，我們習慣去思考他人對自己的期望，在意別人的眼光，活在別人的期待中，努力去迎合外在的標準，卻鮮少留意和接觸自己的內在，忽視自己的身體感覺、內心感受和內在渴求，導致缺乏辨識自身感受、需要的能力，未能自我理解。

2.1 感受為何重要？

　　感受是走進內在生命的入口，循着感受，能找到內在需要。需要是生命的內驅力，感受是連結生命的途徑。有人將感受比喻為「花香」，需要比喻為「花朵」，沿着花香，我們更容易找到花朵。

　　感受是我們存在、活着的表達。感受是寶貴的，可是一般人很難表達感受，甚或抗拒不愉悅感受，更可能嘗試去壓抑、麻木。然而，感受是不容易被壓抑的，如果我們去壓抑它，它就會以其他方式或面貌在不同時間呈現。如果我們麻木了一個感受，也會麻木其他感受，漸漸連愉悅的感受也會被麻木了。麻木了感受，等於麻木了需要，因為我們嗅不到「花香」，沒法沿着花香，尋到花朵。找尋不到需要，需要便難以滿足，生命便會失去養分，缺乏活力。

感受是人所共有的，大家對感受的體驗相似。當你說你感到傷心，我能夠體會傷心是怎麼一回事，因我曾傷心過，感受因此能將我們聯繫。感受是建立連結的重要工具，人與人之間的真正交往是藉由感覺而來的，愈能真實地展露自己內在的感受，以及愈能適當地表達出來，不論是語言或非語言的，愈能與人產生連結。留意、覺察、經驗和表達自己的感受，我們更能與對方產生共鳴和連結。連結是判斷的解藥，專注於感受，能幫助我們脫離判斷。學習清楚地解讀和表達感受，能平靜內心，與自己更有連結，增加自我了解。了解是愛的根基，愛能帶動我們由內而外的正向轉變。

　　我們怎樣與感受共處，如何處理感受，會決定我們生命的進程。我們得學習如何去接觸感受，而不是管理感受。對於我們的感受，我們不用做甚麼。傑夫·福斯特（Jeff Foster）有一首詩——〈讓感覺打開你的心扉〉，這首詩捕捉到了非暴力溝通的精髓。它告訴我們不要壓抑情緒，只去接觸感受。

讓感覺打開你的心扉
（英文版附於本章末）

作者：傑夫·福斯特（Jeff Foster）
翻譯：梁錦堂（Eric）

這裏是壞消息：

你無法「克服」一種感受。

你不能「闖過」它。

你無法釋放它。

也無法放下它。

你無法改變或轉化它。

你甚至無法治癒它。

所有這些想法都是來自認知，

不是身，不是心。

它們都是隱匿形式的暴力，

偷偷摸摸地對感受說「不」，

瞄準了它的消失，

它的死亡。

我們要學會放下「放手」。

我們不再試圖釋放。

我們結束疲憊不堪的治療努力。

相反，我們臨在當下。

我們為感受單純臨在當下。

我們非抵抗性地關注。
我們的愛。

這裏是好消息：
在這臨在的領域，
感受不再是問題了，
仇敵、異類、污點，
自由的障礙。

它不再是「錯誤的東西」。
它不再是「負面」。
它不再是一種威脅。
它不再是一個不受歡迎的孩子。

你現在是它的監護人，它的保護者。
它愛的父母，它的家。
並輕輕地懷抱着，在平靜允許的空間裏。
這感受可能停留片時，或者繼續前行。
或返回，
或永遠不會回來。
但無論如何，
你在別處尋找治癒的需要，

> 被治癒了。
>
> 你看，你不能治癒感受。
> 然而，當你允許它們指引你，
> 返回你原本的整全，
> 你可愛的天性，
> 你的呼吸，
> 你在這紅塵世上的位置，
> 它們就治癒了你。

2.2 關於感受的評論

我們難以表達真實的感受，會慣性地混淆感受與想法，表達感受時，卻説了對感受的評論。對感受的評論是屬於思想，它有對錯、是非之分。對感受的評論很容易被聽為是批評，引發對方防衛。懂得區分思想與感受，學會純然表達真實感受，能幫助我們與自己和他人更有連結。

下面闡述三類看似是感受，實質是對感受的評論或想法，我們常把它們與感受混為一談。

第一類是「被XX」的詞彙 ——「被孤立」、「被拋棄」、「被拒絕」等是判斷語言，是對感受的評論。「覺得被孤立」的感受可能是害怕、受傷、難過、困惑。

第二類是「我覺得（他/她/它）……」的句式 ——「我覺得

她很煩！」「我覺得他很壞！」「我覺得這裏太熱。」這些都是判斷語言。「覺得她很煩」表達的是判斷，當中的感受可能無奈、不快或不滿。

第三類是歸咎自己情緒為他人的行為 ——「你遲到令我很嬲。」「她令我很傷心。」「他們讓我很開心。」這些都是判斷語言。別人行為可能會刺激我們的感受，但不是原因。「她令我很傷心。」這是將自己的傷心歸咎於她所造成，是判斷的語言，要表達真實的感受的話，説：「我感到很傷心。」就可以了。

 我的生活實踐經驗分享

「觀察」事例

生活中，難免會與人產生磨擦、衝突，事情也許不只衝突的雙方，還涉及其他人。因而，我們可能需要向第三方轉述、解釋、澄清等。在這情況下，修習觀察，便顯得份外重要了。我親身經歷了一次衝突事件：對方（A）指控我方（「我」），此事牽涉了一個團體（B）。A指責「我」後，便到B面前説「我」不是。B的負責人來信向「我」查詢。「我」從B複述的內容得知，當中有偏見、誤解。看到這情況，我知道練習「觀察」最能幫助化解這場誤解和衝突。於是我如錄口供般，只列舉事實，不加任何解釋和評論，不表達任何感受，只列舉時間、地點、人物、陳述內容和事

情的經過。我清楚自己的動機，只是單純地呈現事實，不帶任何游説的意圖。目的只是展現事實，不帶一點較量、輸贏的心念，也相信B的智慧，由他自行判斷。我列舉了事實，於是大家對事情便有一幅較全面的圖畫，不會瞎想盲猜，扭曲事實。我將觀察以文字記錄下來，免得當被問起時，自己需要重複述説，浪費時間和能量，避免一次又一次捲入情緒之中，消耗精神。這樣，我給予了自己空間和保護。

　　事實證明，我選擇以觀察回應是明智的，事情很快因客觀、具體、全面的事實描述，迅速止息了。事後，B團體的人感謝我的做法，因為這樣幫助了他們及早停止很多的猜想，幫助他們的心安頓下來，看到事情的全貌，釋除了他們的疑慮和誤解。以往我遇上這樣的事，很容易以受害者的角色作反應，或指責，或辯解，或反駁，或啞忍，或找局外人訴苦，或數算對方……這樣解決不了問題，也損害彼此的關係。

「感受」事例

　　初接觸非暴力溝通時，我驚訝地發現，原來我經常在日記簿書寫「被ＸＸ」詞語，如「被拋棄」、「被拒絕」、「被誤解」等等，它們並非真正感受，而是對感受的評論！它們是在表達我對他人的評論，而非我的真實感受。例如

「被拒絕」這字眼，它是在說，我對他人的行為，解讀為受冷待、不受歡迎等，然後詮釋為拒絕。我這樣想時，很容易引發指責、自責，然後編造一連串的故事。「被拒絕」所隱含的感受可能是孤單、難受、害怕等。

為了測試使用「被XX」用詞對自己的影響，我嘗試說出「被背叛」，然後閉上眼睛。我的腦海立刻浮現某人以及他曾對我做過的事，我開始說起自己編造的故事，也感受到身體逐漸變得繃緊。然後，我嘗試說「被背叛」內裏的真實感受：「我感到傷心。」我的注意力立刻轉向我的內心，感到胸部隱隱作痛，此時，我停留下來，陪伴、擁抱自己。專注於感受和身體的感覺時，腦袋再沒有其他故事，感到平靜、安穩。我測試過很多次，在大聲說出「被背叛」三個字時，我感受到能量由頭部散發出來，當我說「我感到傷心」時，我感受到能量從我的心胸位置散發出來，這讓我確切體會語言文字的能量。

3. 需要

記得有一次在非暴力溝通的課堂裏，導師問學員：「作為一個人要有甚麼條件，才能令生命活得更美好？」學員回答說：「猶如植物需要泥土、空氣、水、陽光，才能生長，我們人類也要有一些基本的條件才能生存，如食水、食物、空氣、住所等。植物要有養分才能茁壯、盛放，我們也要有心

理和靈性上的元素，如親密、陪伴、支持、溫暖、意義、自由、啟發、貢獻等等，才能活得更美好。」

　　需要是讓我們的人生過得豐富精彩的元素，它是能幫助我們維持生命和讓生命自身發展的東西，也是推動我們行事的理由和核心價值。需要是普世的，是人類共有的。所謂普世，是指所有人幾乎共享同一組需要，縱使每個人跟個別需要的關係有強弱之分。

　　需要本身是美好的。需要得到滿足時，我們有愉悅的感受，需要得不到滿足時，我們會產生痛苦的感受。尊重是我們重要的需要，想像自己置身於某個情境中，如果你受到尊重，尊重得到滿足時，你的感受是怎樣的呢？你可能感受到自在、滿足、溫暖。假如沒有了尊重呢？你的感受又怎樣呢？你可能感到失望、憤怒。通常我們的需要得到滿足時，我們會感受到放鬆、自在、滿足、喜悅、甜蜜、溫暖，柔軟、舒暢、流動等等；需要得不到滿足時，我們便會感受到沒精打彩、無力、傷心、失望、侷促、煩燥、孤單、乏味、沮喪、憤怒等等。

　　非暴力溝通假設我們所做的每一件事都是在嘗試滿足自己的需要。需要的意識是非暴力溝通的核心。當我們說與自己和他人聯繫時，指的是我們與自己、與他人的需要及感受聯繫。在需要層面連結，我們連結了人性，讓我們的內心有更深刻的聯繫。

　　談到需要時，我們會說到策略。策略是滿足需要的方

法，很多時我們混淆了需要與策略。人與人之間的矛盾就是來自這兩者之間的混淆。任何人想解決衝突，都要認清需要，同時要認清我們所選擇的策略，以及懂得如何滿足這個需要。需要是普世的、共有的，策略則是各人不同。斯里蘭卡近三十年的內戰，就是來自需要與策略的混淆。政府與反政府兩個陣營都有共同的需要 —— 和平、和諧與尊嚴，但卻採取不同的策略。近三十年的戰爭，都是各自用不同的策略，互相殘殺。由此可見，感受、需要、策略是多麼重要。

　　每當判斷或負面情緒生起時，停下來自問：「在這個當下的經驗中，我的甚麼需要沒有得到滿足呢？」單純地將注意力放到需要上，已能幫助我們從情緒、判斷中脫離出來，不再把心思放在發生的事情和相關的人物上，而是去關心自己的內在。就算當下無法滿足需要，但回歸內在與需要連結，便是在作自我同理了，同理是豐盛我們生命的重要元素。

3.1 需要的障礙

　　需要那麼重要，但生命中我們的需要很多時得不到滿足，是甚麼東西障礙我們的需要得到滿足呢？

（1）不懂自己的需要

　　初學習非暴力溝通的朋友，大都會覺得很難找到自己的需要和渴望。以我自己為例，小時候，我只乖乖聽從大人的話。最初，也許我會表達需要，但得不到聆聽，之後我便選

擇放棄表達，漸漸相信自己的需要不會得到允許。於是，我不去意識自己的需要，不懂表達需要，開始對自己的需要麻木。需要無法得到滿足，生命將漸漸變得乏味無力。

（2）對需要有負面觀感

　　我們自小被教導要先顧及他人的需要，照顧自己的需要被視為自私，認為有需要是代表人格缺陷，因此否定自己的需要，很少去察看、灌溉和經營自己內在的需要，甚至排斥自己的需要。

（3）對身體、感受不敏感

　　我們的教育偏重思考邏輯的訓練，忽略對情感、感受和身體的關注。這十多年來，在帶領正念或非暴力溝通的工作坊過程中，我發現不少人對自己的身體知覺和內心感受相當麻木、遲鈍。他們會以頭腦、思想去描述感受，而不能以身體去感受其感受，造成尋找內在需要的障礙。我們內在需要的訊息，隱藏在身體感覺和內心感受之中，對身體麻木、對感受陌生，對感受和需要詞彙的貧乏，令我們難以找尋自己的需要。

3.2 找到需要的好處

（1）更能找到適合的策略

　　知道自己的需要，我們便能找更適合的策略滿足需

要。生活中，我們很多時在行為、思想、情緒上作反應，而沒有探索自己內心的需要。在不知道自己的需要情況下所做的事，未必能滿足內在真正所需。譬如，某人發怒，他發怒的原因可能是過度疲倦所引發，也可能因為在事件中得不到尊重所致。若是前者，他的需要是休息，那麼，他可以做的是去找休息的方法；若是後者，他可以做的是找對應尊重的策略。這樣才能對症下藥！找到需要後，我們可以確認這個需要，也可以在腦海中想像該需要得到滿足，感受身體有何感覺，這能讓我們更深刻體驗自己和需要連結時的感受，連結需要得到滿足的能量時，我們會有更多的創意，想出更多適合的策略來滿足需要。

（2）更多的理解和接納

　　知道自己的需要，可以幫助我們有更多的理解和接納。

　　女兒剛進大學時，遇上一名不停說粗口的同學，她形容與那位同學相處，像是與外星人相遇，難以溝通。她視說粗口是很不尊重他人的行為，認為不停說粗口的人身邊的可能都是不太正派的人，她因此感到不安全與孤單。我跟她一起探索她的需要，發現尊重、安全和溝通是她當下的需要。我們又一起去探索那不停說粗口的人的需要，猜測對方的需要可能是認同、接納、肯定和安全感。看到自己和對方的需要時，女兒瞪大了眼睛，

驚訝地説：「我竟然與説粗口那人的需要一樣！」表面上大家行為大相逕庭，但內裏的需要都一樣！她接着説：「我開始同情那説粗口的人，他要以這種方式來滿足自己內在的需求。我也開始看到我很幸福，因我能以不同的方式滿足這些需要。我對他多了同情，多了接納，內心有一份力量推動我去幫助他。我之前的疏離、孤單、不安全等感覺也減少了，內心舒服了許多。」

（3）安穩有力

有人問：「某些情況下我們有些需要無法得到滿足，那麼知道需要又有甚麼用呢？」是的，有些需要我們無法得到滿足，不過，很多人都經歷到單純地了解自己的需要，已能讓自己感到釋懷、放鬆或踏實了。此外，找到需要後，我們可以確認這個需要。譬如，如果在事件上找到「尊重」這個需要，我們可以抽離事件，只專注去接觸和連結「尊重」這個需要，可以跟自己確認説：「我確認需要尊重！」這種確認，能帶來安穩、釋放。這個過程滿足了同理、理解和聆聽的需要。

有一天，我被恐懼籠罩，整個人動彈不得，幸得梁玉麒教授的指引，他叫我説出成立「正念喜悦父母」機構的願景，我説：「讓每一個人回到內心的家，感到安全、溫暖和受重視，活出真實的自己。」我重複了三次後，感到豁然開朗，恐懼消散！我不明所以，但兩天後，忽然明白願景中所提

的 —— 重視、安全、溫暖、真實，它們不就是我內心的需要嗎？！

3.3 以下六個方法有助我們找到需要

（1）增加關於需要的詞彙，提升意識

我們不習慣以需要來思考，一般人的需要詞彙寥寥可數，增加需要的詞彙，熟悉、豐富有關的詞彙，有助我們在生活中覺察到自己的需要。以需要的角度看自己的生命，以需要的觀點看事物，能幫助我們更容易找到需要。

（2）從身體感覺和內心感受中探尋

「感受是花香，需要是花朵」，這是説感受是引導我們尋找需要的訊息。我們嗅到花香，沿着香味去探尋，便能找到花朵 —— 內在需要。對自己的感受越清晰與敏感，越能深度連結自己的身體感覺和內心感受，便越容易找到自己內心真正的需要。經驗告訴我，培育對身體的敏感度和豐富自己的感受詞彙，能幫助我們感受得更清晰、更細緻。正念的各種修習 —— 身體掃描、深度放鬆、覺察呼吸和正念伸展運動等等，都是幫助我們對身體感覺更敏鋭的工具。

（3）「慶祝」和「哀悼」

生活中，不論是獨處或與人互動，產生歡喜的經驗時，我們就可以修習「慶祝」了。「慶祝」就是回想過往某個讓我們

的生命變得更美好的事件或歡喜的經驗，去體會我們的甚麼需要得到滿足，感受需要得到滿足的感覺。「慶祝」幫助我們了解怎樣做、做甚麼可以更容易滿足我們的需要，我們因而可以在生活中更專注去創造更多雷同的經驗，使我們的需要得到滿足。

慶祝的步驟：

A. 想想這次經驗中，自己或對方做了甚麼事情讓我們的生命更美好？

B. 我們甚麼需要得到了滿足？

C. 回想當時的情境時，我們當下有何身體的感覺和內心感受？

生活中，我們可能做了或沒有做某些事情，而使我們的需要得不到滿足，因此可能感到沮喪、內疚或憤怒。我們專注於當下的這些感受，並連結感受背後的需要，這個過程，就是「哀悼」。簡單來說，陪伴因為某些事情所產生痛苦感受，並去了解和連結這感受背後的需要，便是哀悼。

「哀悼」本身是一個普世需要，它是一種愛的表現，是連結需要的重要過程。哀悼能幫助我們走出羞恥、內疚、抑鬱和憤怒，幫助接觸和連結我們的原始感受——傷心、失望、難過、哀傷等，從而找到感受背後的需要。哀悼幫助我們專注於自己的需要，我們因而能找到更多、更適合的策略以滿足需要。

我們遇到不愉悅、痛苦的事情時，如果卡住在對錯、應

該不應該的思想時，便會產生羞恥、內疚、抑鬱、憤怒等情緒，如果我們不停下來去感受這些感覺，而以各種方式迴避及否定感受，我們便會與需要失去連結，與生命的內驅力斷割，我們的生命便難以前進。所以，哀悼是一項關於滿足需要的重要修習。

（4）轉譯判斷語言為需要語言

　　生活中，往往有很多我們不喜歡的事，我們可以善用它們來找到自己內心的需要。譬如，如果我心中生起這個想法：「我不喜歡與控制慾強的人合作。」這時，我可以想一想：「與控制慾強的人合作，我不喜歡甚麼呢？我會有甚麼損失嗎？」可能浮現這樣的答案：沒有發揮的空間，沒有自主或不受尊重。這樣，我便知道，原來我需要空間、貢獻、自主、自由、彈性和尊重。又例如，「我討厭與背後說人壞話的人共處。」我可以想想：「與背後說人壞話的人共處我會失去甚麼？」答案可能是：我會感到不安全，我不敢對他坦誠等等。這樣，我便看到了安全、信任和坦誠是我的需要。把不喜歡的事所帶來的可能「損失」，將之反轉，便能看到我們內心的需要。此方法幫助我們迅速從情緒反應中跳出來。時常檢驗自己的狀態，養成認出需要的習慣，提高意識，任何情境中都能快速認出自己的需要，是非常有幫助的。

（5）區分策略與需要

為了滿足需要，我們會計劃和採取行動，這些行動的方式便是策略。我們所做的事情都是滿足需要的策略。滿足某種需要，可以有多種策略。我們都想學習找尋最有效、最有用的方法來滿足需要。

很多時，我們的表達沒有明顯說出需要，卻隱含着滿足需要的策略。生活中，我容易把心思偏向在策略上，卻忽略了策略背後的需要。到頭來，不知道自己為何如此做，本末倒置。例如，「我需要你聆聽我」，這是策略，當中的需要可能是理解或連結。我們並不一定要依靠某個人來滿足某種需要，需要本身並不包含特定的人或特定的行動，滿足需要的方法有很多種，表達需要時，我們不會明確指定方法。

我們可以用首字母縮略詞 "PLATO" 來區分需要與策略，策略包括人物（People）、地點（Place）、行動（Action）、時間（Time）或物件（Object）。

譬如：

- 「我需要你⋯⋯」指定他人做某件事以滿足某個需要。

  （策略）「我需要你聆聽我。」

  （需要）「我需要被聆聽。」

- 「我需要在（地點）⋯⋯」指定地點做某件事來滿足某個需要。

  （策略）「我需要留在家裏。」

  （需要）「留在家裏，讓我感到安全。」

- 「我需要（行動）……」<u>指定某個行動</u>來滿足某個需要。

  （策略）「我需要放兩個星期的假期。」

  （需要）「我需要休息、放鬆。」

- 「我需要在（時間）做……」<u>指定時間內做某件事</u>來滿足某個需要。

  （策略）「我要在這個月內完成這個項目。」

  （需要）「我需要效率、信守承諾。」

- 「我需要（東西／物體）……」<u>指定某種東西</u>以滿足某個需要。

  （策略）「我需要一盒口罩。」

  （需要）「我需要安全、健康。」

　　"PLATO"只是一個參考，在日常溝通中，我們可以在策略與需要之間游移，在策略與需要之間有很多的表達方式，有時與策略保持遠一點的距離，有時靠近一點，重點是怎樣在溝通中更舒服、更有連結。非暴力溝通的目的是與人連結而非分辨用字的對與不對，如何創造條件讓彼此連結更為重要。

　　有些人會混淆了需要與策略，誤把策略視為需要。衝突是在策略層面，如果雙方執着各自原來的策略，便會生起或強化衝突。調解員幫助衝突的雙方放下策略，幫助他們找到共同需要，然後一起努力解決問題。重要的是先找出共同需要，再去找策略。

（6）聆聽內在聲音

靜下來聆聽自己內在的各種聲音，我們會發現一些聲音重複出現。

有一次我對女兒大發雷霆，為我和女兒帶來很多內心的傷痛。我痛定思痛，決心要從這種慣性輪迴中解脫出來。我反思了大約兩星期。一天，我參與彌撒，特意為此事祈禱。我拿出筆記本，把我腦海中對此事的所有思想、感受逐一寫下。我知道，這些感受、思想都是希望被看見、被聽到、被感知、被理解。把它們全部寫下來，我才有可能從中解脫出來。我稱這修習為「見光死」。我當天列寫了幾張紙，超過三十項。列寫後，我由頭到尾逐項去感受，「這想法、舉動、説話帶給我甚麼感受？」「我這樣想或這樣做，其實是想滿足我的甚麼需要？我渴想甚麼？我在嘗試維護甚麼價值？」「我這樣想或這樣做，真的能滿足我的需要嗎？能滿足多少？可以有其他更有效的方法讓需要得到滿足嗎？」

所列舉的其中一項是我指責女兒：「梅村的法師們叫妳做事，妳就千依百順，我請妳幫忙，妳就草草了事。」深入觀察，這句話背後隱藏着「不夠好」、「比人差」、「不受重視」的核心信念，我的感受是無奈、傷心、難過和憤怒，隱藏背後的需要是甚麼？我慢慢呼

吸，用呼吸去感受這些情緒在身體上的感覺，然後耐心等候身體顯露答案，慢慢答案漸露，看見自己需要支持、重視、關心和愛。回顧事件中，當時的所言所行不能滿足支持、受重視、關心和愛的需要，於是在當下感到失望、傷心，繼而憤怒，看見自己的失控，又再生起恐懼，於是陷入情緒輪迴之中。此刻，清楚看到了需要，我便嘗試思考其他更能滿足這些需要的方法。我把心思都放在尋找滿足需要的方法上，這幫助我脫離了繼續去批判女兒，也脫離了情緒的綑綁，全心全意關心內在的生命。

　　我想起另外一次我對女兒發脾氣的事，事件雖不同，但內心卻運作同樣的基調。某個農曆新年，我到台灣禪修，年初三晚上大約十時到港，我致電女兒，問她在家否，她說她還在蓮池寺（香港梅村道場）。她之前說好年三十晚到年初三會在那裏，初三中午後回家的。我問為甚麼，她說因為明天要送一位梅村法師到機場……

　　我當下發火：「妳送法師飛機，卻不到機場接妳媽媽！」如此又掀起一場「罵女戰」。類似的情況，一年大約爆發三、四次。靜修時，我允許它們一一展現，我細聽它們，主題都是很一致，我很需要被重視，很需要陪伴、關心、支持和愛。與需要連結後，我感到安穩，亦體驗到「看見需要是慈悲的途徑」。

4. 請求

4.1 請求是甚麼？

　　請求是幫助我們的需要得到滿足的可行方式，它是一種策略，是我們請他人協助我們滿足這個需要的一個行動。找到需要後，為滿足需要而作的方式、策略，便是請求。請求，其實是幫助「需要」以某種具體的形式呈現於世上。非暴力溝通的頭三個步驟——觀察、感受、需要，是比較內在的，它的第四個步驟——請求，則是外在的。我們所觀察的，可能產生一些想法，想法引發感受，感受是很內在、細微、複雜的，它不容易表達。感受背後是需要，需要隱藏在感受後面，它更內在。請求是學習如何去表達及滿足需要的重要步驟。請求創造了我們給予和接收的機會，是一個對話的邀請，創造及保持連結。請求分為行動請求和連結請求。行動請求是可以滿足需要的行動，是解決問題的方案。連結請求則應用於對話之中，運用連結請求，能幫助雙方創造連結的品質。請求需要勇氣，願意展示脆弱。

4.2 我們怎樣看待請求？

　　成長過程中，我們的家庭、社會、文化，沒有人教導我們如何作請求，所以我們不知如何作出有效的請求。我們一般對請求有一定程度的「害怕」。當問及非暴力正念溝通工作坊的參加者，他們怎樣看待請求時，大多數人都表示很害怕

為自己內心真正的需要作出請求，他們害怕被拒絕，害怕因被拒絕受傷害。有些人怕給人添麻煩、怕影響關係，而不敢請求；有些人掛慮將來不知怎樣回報對方而卻步；有些人則認為自己不夠好、不值得，而不作出請求。不敢作請求，無法作出有效的請求，使我們的需要無法得到滿足，因此不滿或挫敗常與我們同在。

　　我們需要深入觀察請求，能看見「請求創造給予和接收的機會」，是「對話的邀請」，這是重要的。當我們請求時，其實是給予對方機會為我們的生命作出貢獻，這樣看時，我們就不會那麼害怕向別人作出請求了。同時，當別人向我們作出請求時，我們也會感謝這個貢獻他人生命美好的機會。給予實際是在接收！給予的同時是接收，這樣就沒有回報不回報的問題了。我們因此感到輕鬆、自在。

4.3 無效的請求

　　我們以為生活了那麼多年，理應知道怎樣提出請求，但其實我們不懂怎樣作出請求。我們得不到我們所請求的東西，大致有以下幾種原因：

（1）發出的訊息與接收的訊息不一致

　　很多時，我們發出去的訊息，和對方所接收的訊息不一致。我們假設我們所說的，對方已明白了，但其實不然。我們說了一件事，對方可能聽到的是另外一件事。

（2）以為作了請求，實質沒有

有時候，我們常常以為自己作了請求，但實質沒有。例如，太太手持一個裝滿東西的購物袋，跟身旁的丈夫說：「很重啊！」她也許想丈夫幫忙，卻只說很重，沒有清楚明白直接表達想他幫助，卻期待別人能猜出自己想要的，且作出適切行動。雖然長時間的相處彼此會培養出默契，不用多說都會主動滿足對方的需要，可是，即使再熟識的家人，也不一定每時每刻都清楚明白你想要甚麼，如果不提出具體、清晰的請求，對方有可能不知如何回應，以至我們的需要落空。

（3）不可行的請求

很多時，我們對別人所提出的請求是不可行的。例如，媽媽對三歲女兒說：「妳把玩過的玩具收拾好。」這個請求對三歲小孩來說是不能理解的。又例如，我們叫眼前緊張得渾身打顫的朋友說：「輕鬆一點，不要緊張。」這是不太可行的，如果他自己有方法輕鬆下來，就不會如此緊張了。

（4）抽象難明的請求

很多時我們作出的請求是很抽象的，譬如「我要你愛我」、「我要你關心我」、「我想你尊重我」等等，我們要求我們的孩子「要勤力」、「要誠實」、「要乖」，所有這些請求都是抽象、不具體的，讓人無法拿捏，因而難以做到。

生命中，我們經常都在渴求愛，每時每刻都想得到別

人的愛、關注和情感，然而它們都是很抽象的東西。人人都有能力給予他人愛，但我們難以為愛作出具體的請求。對於愛，我們所作出的請求，往往是抽象難明，對方很難理解，不知如何回應，難以做到。有時候，對方做了他認為是愛我們的事，但我們卻看不到，也感受不到，以致雙方都很挫敗。

（5）焦點放在「不想要」上

　　生活中往往會遇上一些我們不喜歡的事情，我們因而想提出某個請求。例如媽媽不喜歡孩子長時間打機，她便很容易隨口說出：「你可不可以不要『整天打機』？」又例如我有一位朋友，我經常聽到他說：「我不想要『教』人甚麼甚麼，我不想學員覺得他們欠缺甚麼，我不想我以『老師』自居……」「那麼，你想要的是甚麼？」我問。這一問，他忽然為之語塞，答不上話來。我們就如這位朋友一樣，將焦點放在不想要的東西上，卻不知道自己真正想要的是甚麼。

（6）請求成了要求

　　請求的對立點是要求，要求不能令我們的需要得到滿足，就算是你借了東西給人，你想向他取回，如果你是要求而非請求，你也未必能取回。若是你嘗試作出請求，而當中有少許的要求味道的話，人家都未必會給你。我們為何這麼多年來都不能作出請求呢？為何我們作出請求而人家不給我們呢？這可能是我們的請求中含有要求的元素了。

4.4 有效的請求

我們由於未能提出有效的請求，以致無法滿足需要而產生不滿和挫敗，因此我們需要學習如何作出有效的請求。有效的請求，須具備以下的條件：

（1）清楚自己的需要

請求時，若告訴對方這樣做可以滿足我們甚麼需要，能觸發他的慈悲心，繼而慷慨給予。如果能幫助他看見他在付出時，同時也在滿足他自身「貢獻」的需要，可為他帶來喜悅。我們愈清楚自己的需要，我們所提出的請求愈清晰，對方也愈清楚怎樣回應我們。

（2）此刻、當下的

提出的請求是對方當下能夠做到的事。例如，我們問對方：「你現在可以告訴我，你願不願意下星期五跟我面見一小時，談談我們的計劃嗎？」我們是問對方「現在願不願意」在將來「下星期五」做某件事，我們是問對方當下的意向，他此刻便能給我們回答。我們的請求只是想清楚了解對方此刻是否意願做此事，而非要對方承諾將來的作為。

（3）具體、可行

提出請求時，我們需要把它變得很具體。懂得將抽象的請求化為具體、可行的請求，令對方明白及理解非常重要。

例如我們向對方請求愛之前，可以先問問自己：「對方可以做些甚麼讓我覺得被愛呢？」然後說出具體的方式，並告訴對方，這樣，我們就較能作出對方能做到的請求，當他們依循這樣做時，我們較能看見和感受到他們給我們的愛。

　　例一：媽媽對三歲女兒說：

　　　　•「妳把玩過的玩具收拾好。」——抽象的請求

　　　　•「請妳將地上玩過的卡紙，放到旁邊的盒子上，然後再把盒子放到玩具箱裏。」——具體、可行的請求

　　例二：我們跟眼前緊張得渾身打顫的朋友說：

　　　　•「輕鬆一點，不要緊張。」——抽象的請求

　　　　•「當你感到緊張心跳時，你可以先做幾下深呼吸，然後才把話一句一句地說出來嗎？」——具體、可行的請求

　　例三：媽媽叫青春期的女兒：

　　　　•「妳把房間清理好！」——抽象的請求。

　　　　•「你現在可否告訴我，你是否願意把在房間吃過東西的碗碟放回廚房？」——具體、可行的請求

（4）說「想要」的

　　請求時，說出我們想要的部分，不說我們不想要的部分。說我們不想要甚麼，對方不會知道我們要甚麼，他只能

猜想我們的需要，我們會難以得到。

例一：媽媽不喜歡孩子長時間打機，她說：

- 「你可不可以不要『整天打機』？」——說了「不想要」的

- 「我留意到你已連續打了一小時機，你可不可以五分鐘後把機關掉，然後去洗澡、休息？」——說「想要」的

例二：朋友說：

- 「我不想要『教』人甚麼甚麼，我不想學員覺得他們欠缺甚麼，我不想我以『老師』自居——他說了「不想要」的。

- 「我希望能與參與者透過對話，一起討論，共創知識。」這次他說「想要」的。

（5）允許對方有自由說「不」

我們要清楚請求與要求之間的區別。要求是我們向他人拿取一些東西，或請他人做一些事時，我們不容許他人拒絕，不允許對方說不。請求則是我們容許對方有拒絕的自由，給對方完全的自由說不。請求不是關乎我們的語氣是否有禮，而是關乎我們有沒有給予對方自由。有時候我們作出請求時，所用的語氣很謙虛，很有禮貌，說「請你……」，但若對方拒絕，我們便想懲罰對方——不給對方某種東西，或

拒絕他的某個要求，或讓他感到內疚、羞恥、沮喪等，這便是要求了。

檢視我們帶了甚麼能量進入請求是很重要的，我們不可以將要求的能量帶進請求中！如果我們的請求中有要求的能量，人家是會拒絕的。要避免作出要求，因為它幫不到我們得到需要。人很奇怪，如果別人請求我們，我們便願意給予，但如果要求我們呢，我們就不願意給予。被迫做事，只會引來不愉快的情緒，令雙方受傷。迫使他人聽命自己，需要付出很大的代價，得不償失。

人的特性都是想自由地、快樂地、帶着愛去給予。

> 有一次，Fr. Chris乘搭計程車抵達目的地時，他把車費給予司機，但司機不肯收，他感到奇怪，以為司機嫌少，於是他多加一些費用，但司機仍不肯收。當時與他一起的印度朋友跟他說：「你剛才是用左手給他錢，所以他不肯收，你要用右手給錢。」他才恍然明白這是司機早上第一單生意，司機不會接他左手給的錢。在印度和斯里蘭卡有個習俗，人們用右手給予東西，是代表自由地、快樂地、充滿愛來給予。有時候，我們要求的，人家卻可能感到很不情願。

永遠不要接收一些不是來自愛、或自由、或快樂地給予的東西，只去接受那些帶着愛、自主地、快樂地去給予的東

西。否則，你所接受的可能是沒有好能量的東西。

訓練自己有空間和有能力接受別人「說不」，並能看到「不」的背後是在滿足其他更大的需要，這樣就不會感到對方的「不」是在拒絕我們。有時候我們作出請求，但對方聽起來是要求。檢查一下對方聽到甚麼很重要；確保自己提出的是請求而非要求很重要。內在平靜的狀態是有效請求的基礎。如果帶着情緒去請求別人做事，對方很容易聽起來像是要求。

（6）尊重彼此的需要

提出有效的請求，最重要的是心態，這是指我重視你的需要，也重視我的需要，尊重彼此的意願和選擇。這樣的心態再加上具體的做法，請求就會有效。沒有這個心態，就算做了以上的所有做法都不會有效。我們提出的請求，如果對方感到被重視和尊重，會更願意接受。提出請求，往往是需要解決某些問題，解決問題是想滿足自己某些需要，如果能讓對方認為這是屬於大家的事情，需要大家共同處理或解決，對方就不會感到被孤立，或被排拒門外，否則，對方會認為這是你的問題，你自己去解決吧，或者聽上去你只在單方面滿足自己的需要，就會覺得你重要一點，他不重要，這樣會障礙對方聽到你的請求，會增加誤會請求為要求的機會。

總括而言，非暴力溝通是過一個非判斷的生活。理解

非暴力溝通不帶判斷地生活是重要的概念。然而，對我們來說，不帶道德判斷生活是一個很大的挑戰，甚至是不可能的。Fr. Chris 認為有判斷不是問題，執着要不判斷及認為判斷是錯的，這才是問題，因為我們陷入了二元分立的思維。有判斷不是錯的事情，不接納自己判斷才是關鍵。我們不是說要把判斷拔除或棄掉，而是去覺知我們有判斷，允許及接納判斷存在，將焦點放在感受和需要上，聚焦在與人的連結上。連結是溝通的核心，連結以建立互相理解的社群，讓人與人之間和諧、快樂地相處。

附：〈讓感覺打開你的心扉〉英文版

Let a Feeling Crack You Open
by Jeff Foster

Here's the bad news:
You can't get "over" a feeling.
You can't get 'past' it.
You can't release it.
You can't let go of it.
You can't transform or transmute it.
You can't even heal it.

All these ideas come from the mind,
not the body, not the Heart.

They are all subtle forms of violence,
sneaky ways of saying "no" to a feeling,
aiming for its disappearance,
its death.

We learn to let go of "letting go".
We stop trying to release.
We end the exhausting effort to heal.

Instead, we are present.
We offer a feeling our simple presence.
Our non-resistant attention.
Our love.

Here's the good news:
In this field of presence
the feeling is no longer a problem,
an enemy, an aberration, a stain,
a block to freedom.

It is no longer "something wrong".
It is no longer "negative".
It is no longer a threat.
It is no longer an unwanted child.

You are now its guardian, its protector,
its loving parent, its Home.

And held lightly, in a still space of allowing,
the feeling stays for a while, or moves on,

or returns,
or never returns,
but either way,
you are healed from the need
to find healing elsewhere.

You do not heal feelings, you see,
they heal you, when you allow them
to guide you back
to your original Wholeness,
your loving nature,
your breath,
your place on this Earth.

第四章

同理心——自我同理與關懷

非暴力溝通不只是溝通過程,它更是靈性成長過程,其中最重要的是培養同理心。馬歇爾形容同理心就像滑浪運動。滑浪時,我們不嘗試與浪搏鬥,不嘗試指揮或引導浪朝我們想去的方向,只是全然地與浪成為一體。

　　非暴力溝通的核心是同理心,同理心帶來連結。人們經常說非暴力溝通是關於連結,但 Fr. Chris 認為它不只是去連結,更是活在連結中。非暴力溝通是關於發現自己其實已經在連結中,我們要做的就是去發現它,允許生命流動,讓內在生命展現。很多人非常努力去嘗試同理,反而障礙生命覺醒。同理不是技巧,不是要發展的技術,不是機械式地做或說甚麼。非暴力溝通不只是溝通過程,它更是靈性成長過程,其中最重要的是同理心。馬歇爾形容同理心就像滑浪運動。滑浪時,我們不嘗試與浪搏鬥,不嘗試指揮或引導浪朝我們想去的方向,只是全然地與浪成為一體。修習非暴力溝通的同理就是成為浪,與我們的本質一起流動、成為一體,我們不嘗試做甚麼,或解決甚麼,或尋求甚麼,只是盡可能

與他人成為一體。這就是生命，生命是完全臣服，知道自己在這裏，沒有甚麼事要做或要成就，只是完全活在當下。

一、同理心

同理心是指帶着尊重、關心和好奇，全心全意去理解他人當下內在鮮活的體驗，讓對方感到被看見、被聽見、被了解，感到安全和受尊重。

同理心的基礎是臨在，能為自己臨在，也能為對方臨在。臨在的意思是能安住當下，全心全意地與他人同在，感同身受他們所經驗的。臨在是指不帶判斷、不帶成見、不帶執着，內在沒有牽引，專注聆聽對方的感受和需要。臨在時，我們的心能自由地向這邊或那邊移動。譬如，提出請求時，我們可以對別人的拒絕或接受保持開放，不會受別人的拒絕而心煩意亂或感到不高興，也不會因別人的接受而有所執着。臨在時，我們能開放去聆聽對方，能與他同在，讓他知道有人陪伴，與他在一起，他並不孤單。同理他人時，我們只須與他同在，讓我們成為一面鏡子，讓他照見他自己，讓他感覺自己的感受，找到自己的需要。我們由衷地信任眼前的人，相信他內裏具有一切他所需的智慧，我們不需「做」或「修理」甚麼，只是陪伴他，幫助他找到回家之路，讓他回家便可以了。對方受苦時，我們不需要說些甚麼或做些甚麼，單純地臨在，全然地、百分百地將注意力放到對方身

上，就像在舞台上，把舞台燈照射在那個人身上。

　　同理聆聽時，我們不只是用耳朵聆聽，而是用全身心來聽。同理是聆聽人們的恐懼及痛苦，幫助他人得到療癒。很多人只是聆聽，卻沒有同理。有些人甚至在聆聽對方時，自己也跟隨對方遊走於過去或將來，迷失於思想、判斷及故事中。聆聽對方時，除了自己要臨在外，還要幫助對方回到當下，當他們能回到當下，他們內在就更有力量，會有新的思考方式。失卻當下，我們便失卻力量！同理心就是真正回到當下！我們還要放下自己的想法或目標，才能真正聽到自己和他人。當下，我們眼前的這個人可能正被過去的事所影響，他在思想過去或迷失於將來，我們要幫助他返回當下。我們可以將注意力放在當下，好奇對方此刻的內在狀況，可以問他：「事件對你此刻有何影響？你當下內在有何感受？此刻甚麼對你最重要？」這樣問能幫助他回到當下。我們只能活在當下，也只能在當下有所連結。我們感興趣的是對方當下內在活生生的是甚麼。同理只能在當下發生。

　　表達同理心時，我們專注於感受和需要。聆聽對方時，聆聽對方的感受和需要。如果我們能聽到對方的感受和需要，並能複述給對方聽，他就會感到被聆聽和被理解。被明白、被理解、被聆聽是很重要的需要。我們的聲音很需要被聽到，我們的思想、感覺和需要很需要被理解。很多人感到孤單是因他們不理會自己的感覺和需要，也不理會別人的感覺和需要。我們需要學習見到和感受到別人的感受和需要，

也要看到和感受到自己的感覺與需要。我們可以向自己表達感覺和需要，也可以向他人表達感覺和需要，這就是同理心。聆聽時，好奇眼前這個人：「他此刻渴望甚麼？」這能導向我們的焦點放在對方的感受和需要上。專注於對方的感受與需要，不受對方所說的話或表達方式而分心，連結他當下內在活生生的生命——感受和需要，保持連結。

二、障礙同理心的行為

我們說的話是要能夠幫助對方臨在，不與臨在對立。很多時，我們說話都是在說自己的經驗，或是給予意見、建議，或是分析、推敲別人的想法等，這些都是與臨在對立。我們不臨在時，別人是知道的，我們自己也會知道。只要看到我們不斷提出解決方案或給予意見時，我們就知道自己並沒有專注對方的感受和需要了，這樣我們便無法在當下與他人同在，就難以連結彼此了。

與對方沒有建立連結之前，而做了下列的行為，會障礙我們作真正的同理，無法充分與他人同在。

建議：「我想你應該……」

安慰：「這不是你的錯；你已經盡了最大努力了。」

否定：「沒事，不要哭，不要這麼難過。」

比較：「這算不了甚麼，我那次的經歷比起你更加……」

說教：「如果你按我的方法去做……你將得到很大好處。」

分析：「根據我的觀察，這件事將會這樣發展下去……」

糾正：「事情的經過不是你說的那樣……」

回憶：「這讓我想起……」

詢問：「這種情況是甚麼時候開始的？」

解釋：「我本來想早點聯絡你，但過去一星期……」

同情：「哦，你這可憐的人……」

三、自我同理

如何發展同理心？首要發展自我同理。修習自我同理便是聆聽自己，如能同理聆聽自己，我們就較能同理他人。怎樣深化我們的同理心？最根本是自我同理。怎樣學習自我同理呢？基督教的教導，要愛你的鄰居如同愛你自己一樣。如果我們不能愛自己，我們很難愛其他人。如果我們不能對自己同理、仁慈的話，很難對他人同理和仁慈。我們主要的暴力對象不是他人而是自己。毫無例外，我們所有人都會對自己行使暴力。想想我們對自己有多暴力便清楚了。我們對自己最主要的暴力是判斷自己，不斷對自己作出判斷。判斷是需要得不到滿足的可悲表達。自我同理是真正能聽到我們對自己的判斷，且能看到判斷背後沒有得到滿足的需要，與需要連結。

如果能與自己連結，我們便容易與其他人連結。如果我們不能與自己連結，不能自我同理，會容易變得抑鬱。抑鬱

是已發展國家的普遍疾病，自我連結是抑鬱的良藥。修習正
念，我們常常可以連結自己的呼吸。修習非暴力溝通，我們
可以與自己的感受和需要連結，連結感受和需要我們因而充
滿生命力量。與其連結判斷、連結自我批判，倒不如與自己
的感受和需要連結，把自己帶回內在，連結生命，生起力量。

　　怎樣與自己連結呢？很簡單，每天花少許時間跟自己
一起，與自己的感覺及需要連結。每天安排一些靜默的時刻
與自己一起。在這靜默時刻，我們能見到上天給我們的禮
物──自己獨特的才能，我們會因此生起感恩心。

　　大家還記得第二章引用過的「音樂會音響事件」例子嗎？
我想用這個例子來闡釋怎樣做「自我同理」。

例子：音樂會音響事件

　　當時我做了我認為自己能做的事情後，事情仍得不到
改善，我開始留意自己內裏發生的一切。我的心卜卜地亂
跳，不自主地在場地上走向左、走向右，身體不斷顫動。
我在某個角落蹲下來，留心自己的呼吸，身體較為安穩
後，我便離場，跑去洗手間，坐在廁板上，我更留意到內
心有強烈的混合情緒，腦袋也有強烈的指責念頭，頭昏腦
脹，一片混亂。

　　我知道，此時最需要照顧的是自己。我讓身體的能
量流動，不斷地移動身體，或彈跳，或旋轉，以疏導情緒

能量，不加批判。然後，我用雙手擁抱自己，溫柔地對自己説：「我在這裏，我知道你在受苦，我為你而在。」幾分鐘後，我的身體放鬆下來，也開始清楚看見內裏的各種感受，我命名它們並跟它們打招呼：「我留意到我內裏有一部分感到不知所措。Hello，不知所措，你在這裏呀，請坐！」對它微笑，然後放開。我如此逐一命名，有「無助」、「擔心」、「憤怒」、「指責」等等，跟它們微笑、打招呼。之後，我帶着較平靜、放鬆的身心返回現場，坐在一角，靜靜呼吸，慢慢我開始能連結到當下內心的需要——友情、平和與貢獻，整個人踏實和清明許多。此時，我能看到女兒的需要了，她也是很想作出美好的貢獻……我也有能力作出相應的行動了，我建議我們六人團隊圍圈靜坐一會兒，聆聽鐘聲，連結自己，連結彼此……

　　從這個例子中，我們不難窺見一些同理的重要元素：臨在、覺察、連結、感受、需要、陪伴、接納、呼吸、空間、清晰……

四、「自我同理與關懷」九步驟

　　這裏介紹一個自我同理的練習，是我們多年累積經驗所發展的修習，稱為「自我同理與關懷」，共有九個步驟。

1. 有連結的意圖

　　意圖來自我們的內在，它引導我們說話、行動。如果沒有意識選擇意圖，我們就會順從無意識的慣性而反應。覺知和緊記自己的美善意圖非常重要和關鍵。常常提醒自己，連結、關心和愛才是我們的真正意圖！如此，當我們被刺激時就可以減低慣性的自動反應。為了提醒自己美善的意圖，我會常常在心中重複地唸：「任何情境下，重要的是保持關心、連結和愛！」

　　一天，女兒拖着疲憊不堪的身軀回來，聽到她說話不太好的語氣，我立刻心生不快，心想：「每次都把自己的能量向外散盡，而以一副『死樣』對着我，很不公平！那麼大了，怎麼還不懂平衡之道？」很想開口「訓話」。幸好，我當下提醒自己連結、關心和愛才重要，這一念讓心瞬間安頓下來。我選擇去洗澡，洗澡後，我變得清新起來，記起了我是想跟女兒有更多連結、愛和關心的美善意圖。頓時，我有所體會，女兒疲累、語氣不好，是在反映她內心的狀態和需要，而非在冒犯我，她此刻需要的是關心而不是教導。我的心舒展了，也溫柔起來了。我前往她房間，給她擁抱、問候，閒聊一會後，再回自己房間休息。

2. 注意力

　　日常生活中，我們很容易將心思放在負面的事情上，習慣將焦點放在自身和他人的負面特質，挑毛病、找錯處、看欠缺、找不足。很多時，我們當下所看的、所聽的、所經驗的可能讓我們感到痛苦，這些痛苦會把我們從當下拉走，帶到過去，引發恐懼、憤怒、抑鬱、哀傷或絕望。亦有很多時候，我們慣常把注意力放在「將來」。一行禪師的資深弟子妙嚴法師（Sister Jina）說：「每當我們有恐懼時，便是活在將來，不是活在當下。我們『喜歡』活在將來，是因為我們幻想這樣能掌管自己的生命，能對付個人的『失敗』。」

　　我們從小被教導去聆聽其他人，要迎合外在的標準，鮮少留意、關心自己內在渴求與需要，因而難以得到自己真正想要的滋養。與人互動時，我們不妨留意一下自己的注意力放在哪裏？不難發現，我們是多麼忙碌地與他人較量，有多少時候我們是真正享受人與人之間的生命互動呢？有沒有留意當情緒被引發時，自己的注意力在哪？聽到不中聽的話時，注意力放在哪？大多數人都會將注意力放在對方身上，放在對錯的判斷之上，很少把注視力放到自己的內在，去照顧正在受苦的自己。

　　注意力對我們能否回到當下扮演了重要的位置。某次在梅村的禪修營中，有一位參加者問：「正念強調要回到當下，但如果當下的感受很不好受，停留在當下又有甚麼好處？當

下又怎能感到平和呢?」莊嚴法師回答說:「我們太習慣聚焦於負面的事情上,這就是我們受苦的原因了。是,當下可能正在受苦,可是如果我們能回到當下,調整注意力,不全然將焦點放在痛苦、缺失上,而能留意到當下我們擁有的條件、資源,能看見當下可以做的事時,就會看到自己是有選擇的。選擇帶來能力感,能力感能增加安全感,感到安全時,我們就不會那麼想逃離了。可是,我們太習慣盯着自己的痛苦,沒有將注意力放到已存在的各種美好條件上。只要調整角度,就會煥然一新。」

3. 心在當下

回到當下並且停留在當下,回到我們的內在,是連結的基礎。在當下,我們不迷失於過去、將來或思想故事中,能為內心創造空間。在這個寬廣的空間,我們保持清晰、覺察、平和、安穩,便可產生連結能量。但要回到內在不容易,如慧嚴法師所說(2019年法國梅村秋安居禪修營的開示):

「要回到內在,我們一直都有障礙。障礙來自我們的自我防衛系統、分別心、你我分離的觀點,追尋感官慾樂的趨向,迴避痛苦的慣性,不願意經驗不舒服的感覺等等,都是我們回到內在的障礙……縱使我們能回到內在,卻發現內裏很吵雜,聽不清聲音;或者我們內裏說的話充滿批評,很難入耳。我們腦袋裏有很多聲音、故事、想法、判斷,它們很吵雜,我們很難聽到內心的聲音,以及我們的真實感受和需

要。平常我們會跟自己說些甚麼呢？百分之九十的聲音都是自我批評，『不足夠』、『不值得』、『不夠好』、『比人差』等沒有愛的話，我們一直在聽這樣的聲音。」

覺察呼吸和回歸身體能有效把我們的心帶回當下。慧嚴法師說我們需要呼吸的幫助。

> 我們需要朋友幫助我們回家，我們的朋友就是呼吸。呼吸是我們最好的朋友，出生時第一件要學的便是呼吸。死亡時，我們呼出最後一口氣，從出生到死亡，呼吸一直陪伴我們，保持我們的生命，它對我們很忠心。回到呼吸，承認它是我們的朋友，它很安穩，我們可以依靠它。呼吸能幫助我們安靜下來，回到呼吸，腦裏的聲音能慢慢沉澱、停下。我們用呼吸把自己帶回內在去馴服我們的心。當我們能沉澱、平靜下來時，我們內裏就能產生空間。每一個有意識的呼吸都能幫助我們擴大內心的空間。當內在空間變得足夠大時，我們就能看清自己正在受苦，能看到受苦的原因、根源，能看見我是誰。

我們的身心一體，心裏發生甚麼事，都會呈現在我們的身體裏。《心靈的傷，身體會記住》的作者說，我們所受的創傷會在身體留下印記。我們回到身體去經驗痛苦情緒，看它在身體的哪個部位顯現？哪裏感到沉重、繃緊、痛楚，能量

就堵塞在那裏。我們覺察了，可以把呼吸帶到那些地方去，用呼吸去感受那些感覺。幫助身體放鬆，產生內在空間。

　　大家可以跟隨下面指引練習：

　　吸氣，呼氣，自然地呼吸，慢慢將意識帶到身體，將注意力帶到頭部，面部、頸部⋯⋯

- 由頭到腳簡單地掃描一遍身體。
- 吸氣、呼氣，留意一下身體有哪一部分感覺特別強烈、不舒服？
- 吸氣，吸到身體感覺最強烈、最不舒服的地方；呼氣，放開、放鬆。

4. 允許與接納

　　不知道你有沒有這樣的經驗？就是受到刺激引發了內在傷痛時，因為太難受，沒能力馬上回到呼吸，或呼吸一兩下後，又被那股強烈的能量脅持，作出慣性反應，説了不該説的話，做了不該做的事。強烈情緒下，特別是在憤怒時，知道要住嘴、不説話、不立刻去解決事情，可是就是停不了。

　　如何在情緒風暴中安穩下來不作反應？

　　反思、探索、求教一段時間後，我得到 Fr. Chris 的啟發，他説：「生命中沒有任何事是需要丟棄的，一切抗拒、情緒風暴都是我們的生命部分，都是生命中非常寶貴的東西。所以最重要是回到當下，允許發生的發生，接納一切。」可是，我們的經驗是：平時沒有那麼大風浪，回到當下是可以

的，可是在情緒風暴中就不那麼容易了。

於是我問：「除了呼吸等正念修習外，還有甚麼方法幫助我們回到當下嗎？」Fr. Chris 建議：「借用詩人魯米（Rumi）的詩句——賓客之屋（Guest House）的比喻吧！想像你是賓館中的接待員，客人進來時，接待員會面帶微笑歡迎招呼。當情緒風暴出現時，我們可以像賓館的接待員，對情緒風暴微笑，打招呼。生命中出現的一切，不論是好的還是壞的，不論是困難還是痛苦，都可以視之為來到賓館的客人。客人到來，你只管對他微笑歡迎。」

賓客之屋
（英文版附本章末）

作者：魯米（Rumi）

生而為人，是一間旅館，
每天早晨都有新事物到來，
喜悅、沮喪與卑劣，
某些時刻的覺醒來臨，
如同未曾料到的訪客。

歡迎與款待所有客人，
縱然是一大群的憂傷，暴烈地橫掃你的房屋，家具
　　一件不存，

> 仍請敬重每一位客人。
>
> 他可能洗滌你,
>
> 好讓你感受新的喜悦。
>
> 黑暗的想法,羞恥、惡念,
>
> 到門口迎接他們,
>
> 笑着迎接他們進來。
>
>
> 無論誰來到門口,都要感謝,
>
> 因為每一個都是上天派來的引導。

　　無獨有偶,我的好友 Amy 也跟我分享了她的「覺悟」。她說:「修行了二十年,我終於有點覺悟了,原來要做的真的很簡單!任何東西出現時,不論是甚麼,只要微笑對它說:『歡迎、歡迎、歡迎!』就已很不同了。如果你能真心誠意地歡迎它,你的心就會變得很輕,很自在。微笑歡迎一切,使心變得無重量,就是這樣!」認識 Amy 二十多年,我切實感受到她的轉化,感受到她的喜悦和輕安。

　　感激 Fr. Chris 和 Amy,我效法而行,大大提升了我的接納能力。我將兩人的教導整合,用來訓練自己:首先,緊記抗拒、判斷、痛苦是生命的一部分,我不能與之分割,當覺察到抗拒時,就接納它是我生命的一部分吧,從此不再驅趕。接着,我讓自己成為一間賓館的接待員,而這賓館巨大無

比，有無限個房間，任何客人來到都有房間可住，沒有任何一位客人會遭拒絕。每一位「賓客」來到時，我會主動向他微笑招呼說：「歡迎，歡迎，請坐！」安頓好他後，我返回自己的呼吸。奇妙的是，我體驗到一旦我能微笑並說歡迎時，我內在的抗拒能量立刻驟降，我不再那麼抗拒，也不會衍生新的抗拒。雖然最初未必是真心微笑或真心歡迎，但戲假情真，微笑和「歡迎」這個詞有強大的能量，它能轉化抗拒為接納。

5. 覺察命名

覺察當下內心的情緒感受和思想念頭，並叫出它們的名字，就像點名一樣。覺察命名能幫助我們從無意識的狀態走向有意識的思考，提升覺察。

我們可以如此練習：吸氣、呼氣，留意此刻內心有甚麼感受？有甚麼思想念頭？它們當中有甚麼特別吸引我們的注意？覺察時，我們可以確認它，將它標明出來。譬如是憤怒，我們可以在心裏說：「我留意到我內心有一部分感到憤怒。」我們亦可以跟憤怒打招呼，跟它說：「Hi，憤怒，你來了，我看見你呀！請坐！」然後，微笑，放下，回到呼吸。可以留意當下的憤怒情緒在身體上有何感覺，覺察時，可以跟自己說：「我留意到我身體XX部位（例如：後頸）感到繃緊。」然後吸氣，把氣送到後頸並感受後頸的感覺，呼氣，將注意力放在後頸以外的身體部位，或放在四肢上，讓能量散去。如此呼吸幾次，很快便能放鬆下來。

6. 擁抱與陪伴

　　如果此刻我們在受苦，我們可以有意識地吸氣、呼氣，將右手搭在左肩上，左手搭在右肩上。深深地呼吸，感受自己擁抱着自己，感受這份關懷和支持。我們可以在內心輕輕地呼喚自己的名字，溫柔地跟自己說：「我知道你正在受苦，我關心你的苦，也關心你，我與你同在，你並不孤單，我陪伴着你，我愛你！」吸氣，呼氣，感受自己的陪伴。容讓所有的感覺、思想自然地呈現。此刻不用改變甚麼或解決甚麼。靜靜地呼吸，感受身體。吸氣，呼氣，然後輕輕地放開雙手。

7. 深入觀察

省察情緒背後的思想

　　吸氣，呼氣，慢慢感受此刻身心的平靜和安穩，然後溫柔地問自己：「我怎樣詮釋那件事？怎樣詮釋對方？是甚麼觀點、角度導致我有這個情緒？」

　　嘗試在內心回答：「當我看到/聽到/想到/……我腦海便出現（評判、分析）……然後生起（情緒）……。」

探索需要

　　帶着好奇、溫柔地問自己：「我感到不舒服的情緒在告訴我甚麼？它在告訴我內心需要甚麼？渴望得到甚麼？」嘗試打開身心去聆聽、感覺、理解，給予空間，耐心地等待內在智慧的指引，讓需要浮現。

與需要連結

找到需要後，確認這個需要，例如，在心中説：「我確認我需要空間！」

找到需要後，我們想像整個宇宙都在支持我們，幫助我們實現願望，令我們內在那個需要完全得到滿足……

感受一下當下身體的感覺和內心有何感受，放鬆身心，容許感覺出現，慢慢去感受它。

8. 慈悲請求

連結了內在需要的能量後，徐徐呼吸，溫柔地問自己：「我可以在不改變對方的情況下，做些甚麼來滿足我這個需要嗎？」或者「我可以有更自主的方式去滿足這個需要嗎？」「如果需要別人幫忙來滿足這個需要，我可以作出怎樣的請求？」

9. 連結神聖生命力量

回想我們生命中曾遇上的一個人，因為他／她，我們感到支持、愛護、理解和肯定，想起他們，內心感到溫柔、喜悦和流動。

一天，我躺在草地上，冬日陽光照耀下，溫暖舒服極了，心中忽然浮現 Fr. Chris，頓時被強烈受到重視的感覺包圍着我。往日與 Fr. Chris 相處的畫面出現：

記起跟他分享甚麼，他都甚感興趣和好奇，我會像小女孩在祖父跟前般手舞足蹈的，越說越興奮，越說越多。然後，他微笑欣賞說：「妳真是『猶達』，甚麼都會呢！」

記起，每次相遇，他都鼓勵我說：「Christine，我希望我們再見面時，妳已成為認證的非暴力溝通培訓師了，妳具有非暴力溝通導師最重要的特質，就是『臨在』的能力！」

記起，知道我在生活中遇上困難，他來信鼓勵我。他的話不多，卻充滿空間、接納、同理、肯定，很有承載，讓我看到自己的獨特，全然地接納自己。慢慢，我以 Fr. Chris 的眼光來看我自己，我看到了更真實的我，更美好的我，我能打從心底裏相信自己、接納自己。

嘗試以他或她的眼光來看待自己，也可以嘗試以「宇宙更偉大的眼光」來看待自己：「這眼光」充滿愛、溫柔、慈悲，全神貫注地看着我們說：「親愛的，我為你而在！我知道你在這裏，我感到很快樂！這是快樂時刻！」「這眼光」滿心歡喜地迎接我們、注視我們，向我們微笑。「這眼光」裏，我們是那麼遼闊廣大，與萬物相連，無邊無際，圓滿無缺，本然具足。透過「這眼光」，連結我們的生命本質——慈悲、智慧、光和愛。溫柔地、真誠地對自己說：「我愛你，就像現在這個

樣子！不必添加甚麼，也不必減少甚麼，此刻的自己就可以愛，我愛你現在這個樣子！」感受這份安全、溫暖、柔軟、流動的感覺。慢慢地吸，慢慢地呼，讓這能量滲透身體裏的每一個細胞，細味品嘗。吸氣，吸入生命的光；呼氣，感受生命的愛。容許自己完全被光和愛包圍。感受當下外在的寬敞空間，也感受當下內在的溫柔和開放。感受身體的感覺，對身體微笑，也對四周的人事物微笑，報以感謝，送上祝福！

附：〈賓客之屋〉英文版

The Guest House
By Lellaludin Rumi

This being human is a guest house.
Every morning a new arrival.
A joy, a depression, a meanness,
some momentary awareness comes
as an unexpected visitor.
Welcome and entertain them all!
Even if they are a crowd of sorrows,
who violently sweep your house
empty of its furniture,
still, treat each guest honorably.
He may be clearing you out
for some new delight.
The dark thought, the shame, the malice.
meet them at the door laughing and invite them in.
Be grateful for whatever comes.
because each has been sent
as a guide from beyond.

第五章

放鬆身心，活在當下

生命只存在於當下，失卻當下，便失卻生命，失去自身的力量。越能回到當下，我們便越有力量。臨在當下，我們的慈悲和愛便會顯現，慈悲與愛是恐懼的良藥。

　　生命只存在於當下！當下，是我們唯一能擁有的時刻。在當下，我們與生命連結，擁有智慧、慈悲、理解與愛。臨在當下，我們的慈悲、愛便會顯現。慈悲和愛是我們與生俱來的，是我們本質的一部分，顯現慈悲時，我們便是實現或呈現真實自我了。慈悲不是我們嘗試做甚麼而可以得來的東西，不是因他人有困難或受苦而令我們變得慈悲，而是因為慈悲是我們的存在本質。慈悲是我們存在部分，我們雖然能夠談論它，卻難以言傳，縱使我們用盡各種方式去描述它，都不足以表達它的全貌，因此我們不容易理解慈悲。

　　印度靈性大師帕帕奇（Papaji）的經驗，也許可以讓我們窺見，只要成為真實的自己，自己已經是慈悲，已經是愛！帕帕奇曾是軍官，他一直想看見神，他到處尋

問有誰可以讓他看見神。一天，有一個人來到他家，帕帕奇邀請那人進入家裏，給他食物並問他：「你可以展示神給我看嗎？我很想看到神。」這個人給了帕帕奇一個地址，叫他到那裏去，說那裏有人可以讓他看見神。帕帕奇依地址前往，到達時卻發現坐在裏面的那個人，竟是那個給他地址的人，他很不高興，心想：「如果是他本人，他為甚麼不在我家裏展示給我看呢？」他轉身便想離去。幸好，當時有人勸他說：「到你家的那個人不可能是他吧，你也許認錯人，因為五十年來他從未離開過這裏。不過你既然來了，何不多留幾天才回家呢？」就這樣，他逗留下來，且從此不願離開這位靈性大師拉瑪那・馬哈希（Ramana Maharshi）。

　　拉瑪那常常活在默坐之中，以沉默來溝通和說法，只在實在無法以靜默來解答弟子的問題時，他才開口說話。帕帕奇後來體驗到拉瑪那是個了悟自性的人，在拉瑪那身上，他看見了神性。帕帕奇只想一直留在大師身邊，不願離開，後來因印度與巴基斯坦分裂，拉瑪那叫帕帕奇回家去照顧家庭和妻兒，可他不願意，直到拉瑪那對他說：「不論你到那裏，我都會跟你在一起的！」帕帕奇於是回家了，他後來成為眾多人了悟自性的源頭。

套用拉瑪那的話，我們可以這樣告訴自己：「不論我到那裏，慈悲、愛都會跟我在一起。我本身就是愛和慈悲！」我們只要回歸當下，打開我們的心，連結到存在於那裏的生命，慈悲與愛便能呈現。臨在當下，我們便能與生命站在一線，對生命開放、保持敏銳、讓它活現、讓它引領，它自會帶領我們到我們所需要去的地方，那裏就是我們的皈依處──慈悲與愛。

我們越能回到當下便越有力量。失卻當下，便失卻生命，失去自身的力量。可是，我們常常不在當下，常處於身心分離的狀態，身體在這裏，心卻在別處。事實上，只要我們渴想要從此刻移到下一刻，便不能安住於此時此刻了。完全臨在當下時，我們就不會再想轉移到其他時刻，不去下一刻，也不想返回過去的時刻，我們就在這裏。我們的心如野馬，在過去、將來、回憶、追悔、計劃、擔憂中奔跑。沉浸在懊惱、記憶、痛苦中，會把我們從當下扯走；恐懼、擔心事情會變得如何差、如何壞時，會讓我們遠離當下。一旦思想明天將要發生甚麼，或回想已發生的事情時，我們便失卻當下。不在當下，我們便與感覺失去連結，與直接體驗失去聯繫，使我們沒有覺知地生活，很容易陷入抗拒和恐懼中。恐懼、抗拒、痛苦是顯示我們不存在當下的徵兆。

一行禪師說我們常常在「奔跑」，停不下來（2014 年 1 月 14 日《臣服當下》〔Surrender yourself to the present moment〕開示，可在 YouTube 看到）。他說：「一天過後，你想休息，

躺在床上，你也許想修習『我已到了，已到家了！』（I have arrived, I am home.）但我們繼續奔跑，甚至在睡覺、在夢中仍在奔跑，因奔跑已成為了習慣。我們不只在日間奔跑，也在晚間奔跑，在睡夢中奔跑……有時候我們不做任何事，只坐在那裏，或躺下，但我們的身體仍未能停止下來，身體裏存有緊張。這種能量在推動身體，我們的身體想做一些事，想活躍起來，想奔跑。」禪師建議說：「修習『我已到了，已到家了！』告訴自己，我不用再奔跑了。『我已到了，已到家了！』是修習停下來，是『止』（stopping）的修習。『止』不只是讓心停下來，也讓身體停下來，因為身體習慣了奔跑。身心互為相連，幫助身體停下來，能幫助心停下來。我們修習幫助身心同時停下來。如果停不下來，我們不能做很多事。『止』是指我們根本不去找尋任何事，完全在當下安住下來。」

「為了能停下來，我們需要一些訓練，需要一個強大的意志和慾望，因為我們的奔跑習氣很強，在身體裏，在心裏。這奔跑的能量由父母傳遞下來，他們奔跑了一生，還有我們的祖父母，一代一代的奔跑，這奔跑的能量很強大！『我已到了，已到家了！』意指我們不需要再奔跑了，我們所追尋的已在此時此刻。我們需要慧見以幫助我們真正停下來。修習『深入觀察』能幫助我們獲得慧見。當我們能有這樣的慧見時──每一件事已經存在於當下，我們已經是我們想成為的人，我們就會感到再不需要奔跑了！是這個慧見允許我們真正停下來。沒有慧見，無論我們多努力，我們都不能停下來。這就

是為甚麼沒有『觀』（深入觀察），『止』是不可能！沒有『止』，不可能『觀』！『止』和『觀』如鳥之兩翼！」

　　我們學習很多東西，其實所有的知識已經在我們之內，只要打開自己的心，連結生命，真正臣服，所有我們需要的知識、智慧會臨到我們這裏。我們所要的知識已經存在，只因我們抗拒、不在當下，這些知識不能臨到跟前來協助。

　　當下的心，能幫助我們停下來：停止我們的心在過去、將來遊蕩，停止雜亂無章的思想。停下來，我們有所覺察，覺察幫助我們有意識地作出選擇，支持我們脫離無意識的慣性反應。在當下我們已成為真實的自己，所做的都沒有快樂或痛苦之分，沒有分別，沒有偏愛。很多時，我們因不喜歡痛苦的感受，習慣拒絕它，這種思想令我們受苦，只要回到當下，便能從思想中解脫。在當下，恐懼沒有存在的位置。因此，我們也可以說，在當下我們不會受苦。

　　活在當下，是一切修行的根本！正念幫助我們活在當下。正念的意思是「重新收集」或「重新記起」，也就是將我們不同的部分重新帶回此時此地。「念」這個字，上面是「今」，下面是「心」，意指當下的心。把心帶回當下，就能看見我們的身體內正在經驗的感覺，以及內心正在浮現的感受與渴望等等，也能覺知四周存在的事物及正在發生的事情。正念修習帶來正定，正定帶來慧見，慧見幫助我們從恐懼、焦慮、擔憂和憤怒中釋放，從而獲得真正的快樂。一直以來，我們都被自己的習性所奴役。多少時候，我們不想如此做，卻

偏偏做了；不想如此想，卻繼續這樣想；不想這樣說，還是說了；不想迴避，卻拿不出勇氣面對；不想硬來，但柔軟不來。正念幫助我們成為自己的主人。

我們最大的困擾來自我們無覺知的思想，當我們的思想完全佔據了我們的注意力，看不出它們既重複又無意義，且認同思想和伴隨思想而來的情緒，我們就被囚禁了，我們就迷失了，再不是自己的主人。丹尼爾‧高曼和理查‧戴維森（Daniel Goleman & Richard J. Davidson）兩位作者在他們的著作《平靜的心　專注的大腦》中指出，我們的大腦佔了身體質量的 2%，卻消耗了 20% 的身體新陳代謝能量。他們引述研究：都市人有 53% 的時間處於自動導航狀態，我們的大腦有一個區域，叫做「預設模式網絡」（Default Mode Network），簡稱 DMN，它在我們「甚麼事也不做」時，會非常活躍，甚至比做非常困難的認知事情時更活躍。當我們冷靜下來，不需要特別專注和努力時，預設模式網絡會打開；當我們專注於某一個挑戰時，預設模式網絡就會安靜下來。一旦沒別的事抓住我們的注意力，我們就會內心渙散，且往往跑到困擾我們的事情上去，這正是我們苦惱的根源。

哈佛大學有個研究結論是「散亂的心是不快樂的心」。我們的痛苦來自自動導航。幸好，我們的腦有另一個區域，叫做「左前額葉皮層」，當這個腦區活躍時，DMN 的聲音便減少許多，念頭相對會減少。只要我們的心與感官、聽覺、視覺、觸覺放在一起時，左前額葉皮層就會活化，腦就沒有

那麼多念頭。攀岩、跑步、游水等運動能使這個腦區活躍，幫助我們靜心，減少念頭。各種正念修習，如覺察呼吸、靜坐、正念步行、正念進食、身體掃描或深度放鬆等，都是非常有效的訓練方法。止下來，讓DMN安靜下來，觀察我們的思維，專注身體的感覺，將注意力專注到身體的感覺時，我們便臨在了，進入當下了，在當下我們便有清晰的覺察。保持覺知不容易，需要訓練。下面將介紹一些正念修習和身心放鬆方法。

一、正念修習簡介

　　一行禪師教導正念生活的藝術，在此與大家分享梅村傳統的正念修習——覺察呼吸、正念步行及正念進食，其他的修習，如正念鐘聲及深度放鬆，則見書末「附錄」。

1. 覺察呼吸

　　修習正念可以從覺察呼吸開始——覺察吸氣，覺察呼氣。吸氣時，覺知正在吸氣；呼氣時，覺知正在呼氣。我們可以留意鼻孔氣息進出，也可留意小腹的升降。單純地留意氣息吸入、迴轉，直到氣息呼出、迴轉。吸氣時，將所有注意力放於自己的入息，我們便成為了自己的入息；當我們對自己的入息保持正念，並專注於此，我們便與入息成為一體。呼氣時，我們也將所有注意力放於自己的出息，對呼氣

保持正念，專注於此，與出息成為一體。我們就是如此綿綿不斷地練習將注意力放到吸氣和呼氣上，如果發現我們的心飄走了，只需溫柔地把心帶回來，再次放到呼吸上便可以了。

我們如實觀察呼吸，呼吸長時，覺知它是長的呼吸；呼吸短時，覺知它是短的呼吸；呼吸淺時，覺知它是淺的呼吸；呼吸深時，覺知它是深的呼吸；呼吸輕安時，覺知呼吸輕安；呼吸粗重時，覺知呼吸粗重。這就是覺察呼吸的練習。將注意力放在一吸一呼之上，吸氣時，覺知自己在吸氣，呼氣時，覺知自己在呼氣，我們稱之為覺察呼吸或是正念呼吸。

我們很多時都是身心分離的，身體在這裏，心卻在他處。我們的心猶如野馬，它狂野奔馳，不是在回想過去就是遙想將來，很難停留在此時此地。呼吸是身心的橋樑，當我們將注意力放在呼吸上，覺察到自己的呼吸就能把心帶回身體。當身心合一時，我們自然能回到此時此地。生命只存在於當下，為了活出生命，我們必須努力返回當下，當下是我們的目的地！返回當下，我們才能真正覺知當下身心內外的事物：我們身體感覺、情緒感受、思想、意念，以及四周清新、滋養和療癒等生命元素，如此，我們才能夠深刻地活出生命。

覺察呼吸，並順隨整個呼吸，能讓我們的頭腦停止思考，讓頭腦有機會休息。練習覺察呼吸，能讓我們接觸到生命中所有的奇蹟和美好元素。我們接觸到自己的呼吸和身

體，身體本身就是奇蹟。覺察呼吸把我們帶回真正的家，接觸和體會生命。我們的呼吸反映身體狀況，當我們能夠覺察呼吸，能辨識和擁抱呼吸時，漸漸便能改變呼吸的質素，它會變得緩慢、深長，身體因而能釋放緊張和壓力，它會逐漸變得更和諧、平靜、安詳。覺察呼吸，當心完全與呼吸在一起時，我們自然而然地會驅除散亂的思緒，停止了漫無目的地在過去和將來遊蕩，並將心帶回當下，帶回身體。在當下我們就有力量。

三種練習覺察呼吸的方法：

（1）數息法——吸氣呼氣，數一；吸呼，數二；吸呼，數三……如此這般，一直數到十。然後，再從一開始數至十。如果過程中數錯，或數多於十，從一開始再數。

（2）留意腹部——留意到吸氣時，小腹上升；呼氣時，小腹下降。留意小腹上升和下降。

（3）數數字——在呼吸時數數字，吸氣時，數一、二、三、四、五、六、七；呼氣時，數一、二、三、四、五、六、七。吸氣與呼氣長度相等，能使交感神經與副交感神經達致平衡。也可以選擇呼氣長於吸氣。吸氣時，數一、二、三、四、五、六；呼氣時，數一、二、三、四、五、六、七。呼氣長於吸氣，能刺激副交感神經，使我們放鬆。

2. 正念步行

很多時候，走路時，我們的身體在這裏心卻在那裏。我

們的心不在我們的身體上，它不是被過去困擾，就是被將來所綑縛，或是被當下的情緒所牽扯，就是不能安住於當下。正念步行是一種修習，它幫助我們停下來，停止思想，停止說話，把心帶回身體，令身心合一，幫助我們返回當下此刻。

返回當下非常重要，因為生命只存在於當下此刻。我們誤以為平和、喜悅、穩固、快樂只存在於他方，或存在於將來，但平和、穩固、喜悅、快樂、生命只能在當下尋到。生命的地址是當下！

急促的步伐在大地上印上焦慮和擔憂。然而，我們可以每一步都為大地及萬物眾生帶來和平與快樂。行走的時候，我們一起行走，猶如河流中的水，順着同一個方向。我們覺察到四周的人，也留意到四周的景物，我們彼此聯繫着。我們打開身心去接收集體一起修習所產生的正面能量，讓這些正面能量穿透我們身體裏的每一個細胞，深深地去感受這份愛和暖流。重要的是容許自己放鬆，享受每一步。

修習正念步行，我們先注意自己的身體和呼吸。首先，感覺雙腳穩固地站在地上，像樹的根穩抓住地下，再感覺雙腿、背部、肩膀、雙手、頸部、頭部、面部，慢慢放鬆。接着，可以將雙手放於小腹，感覺吸氣時，小腹的慢慢上升，呼氣時，小腹慢慢下降。吸，上升；呼，下降（大約做五至十下的呼吸）。

步行時，每一步都配合我們的呼吸。吸氣，走一步；呼氣，走另外一步。覺察呼吸，留意步伐。將注意力放到腳

板與地板的接觸。我們亦可以日常走路的速度來修習覺察靜行，吸氣，走 2-3 步，呼氣，走 3-4 步，視乎自己的呼吸長短而定。

3. 正念進食

正念進食也是修習！從拿取食物，進食前的身心預備、沉思，進食過程以及進食後，都是修習。進食時，首先，讓我們把心帶回身體的家，身心合一地安住於當下，覺察到眼前的食物。拿取食物時懷着感恩，專注地、全心全意地、真心誠意地拿，清楚覺察自己每一個動作、姿勢。我們只拿取適量的食物。

安坐飯桌前，可做一些練習，幫助大家真正存在（覺察身體，掃描身體，或用手接觸身體各部位，真實感覺到身體）。然後做一些開啟感官知覺的練習（打開各種感官的感覺，可轉轉眼睛，扣扣齒，攪動舌頭，放鬆面部肌肉）。懷着感恩、喜悦，覺察到面前的食物，也覺察到飯桌前的其他人。

進食前我們作五項觀想：

- 這些食物是來自上天、大地的禮物，以及很多人用愛及辛勞而得來的成果。
- 讓我們帶着覺察和感恩地進食，好讓我們值得受用這些食物。
- 讓我們適量地進食，願食物滋養我們的身心，防止疾病，轉化不善的思想意念。

- 願我們能以增長慈愛的方式進食，藉以保護地球，改善全球暖化現象。
- 願我們接受這些食物後，能成為眾生萬物的祝福。

　　進食時每一口食物慢慢咀嚼三十下，享受每一口食物，感受到大家的同在。進食後可以觀想：碗碟已空，飢餓得到滿足，感恩有足夠的食物滋養我。願我的滋養能成為眾生萬物的福源。（以上參考一行禪師梅村的修習）

　　很多時，我們對自己的身心沒有覺察，以致身心積聚很多壓力，引發負面情緒及暴力，帶來疾病。科學研究顯示，我們若能幫助身體釋放緊張，放鬆下來，它便有能力自我療癒。身體放鬆、柔軟、流動能帶動內心的平靜及安全。任何時候都讓身心放鬆、柔軟、平靜，是我們的重要修習。這裏分享一些多年來我們實踐過，相當有效的放鬆身心方法——「微笑法」和「能量流通法」。

二、身心放鬆練習

1.「微笑」法

　　微笑是很好的放鬆方法。微笑時，我們臉部的幾百塊肌肉都放鬆下來，這帶動我們的心也放鬆下來。愉悅的時候，我們會微笑；沒有感到愉悅的時候，我們也可以練習微笑；當我們不愉悅時，更可修習微笑，使我們放鬆平靜下來。

2.「能量流動」法

我們感到的緊張、壓力、情緒本身就是能量，如不疏通，它們會堵塞在我們的身體裏，特別會堵塞在經絡、穴位之處，如果令能量再次流動，便能帶動身體放鬆。

下面介紹三種能使能量流動的方法——敲經絡、深呼吸及鼻吸口呼。

2.1 敲經絡

敲打的身體部位路徑：頭頂 → 眉心 → 眉尾 → 眼袋 → 人中 → 下巴 → 鎖骨下方 → 腋下 → 手掌側 → 指尖。

2.2 深呼吸——平衡放鬆

平衡的自律神經系統能讓我們健康、喜悅和快樂，而呼吸能平衡我們的自律神經系統。自律神經系統分為交感神經和副交感神經。吸氣時，我們啟動交感神經；呼氣時，我們啟動副交感神。交感神經幫助我們集中、專心、警覺，遇上危險時能作出打鬥、逃跑或僵住的反應。副交感神經則幫助我們放鬆，讓我們感到輕鬆、在休息狀態。我們需要交感神經的警覺、專注，也需要副交感神經的放鬆。

如果太警覺，我們會變得很緊張；太鬆弛，我們會變得沒活力，故此，兩者需要平衡。我們可以練習呼吸來達致平衡。吸氣，深深地吸氣，然後深深地呼氣。深深地吸，深深地呼，只需五次的呼吸，便可平衡自律系統。我們可以用「數

數」方法，幫助呼吸長短一致。吸氣，數一、二、三……七；呼氣，數一、二、三……七。「數數」字幫助我們檢視呼吸長短一樣，使交感神經和副交感神經受到同樣的刺激，從而達致平衡。這樣的呼吸能減低焦慮，關閉杏仁核，訊息會通向前額葉作有意識的思考，作出更適當的回應選擇。

2.3 鼻吸口呼——疏導能量

將注意力放到身體的各部位上，掃描身體、感受身體，看看這情緒在身體產生怎樣的知覺。身體哪些部位感覺特別強烈，吸氣（深深地用鼻吸），吸到感覺最強烈的地方；呼氣（深長地用口呼）。幾下呼吸後，放開原先的部位，把注意力放到其他的部位，或是四肢上，讓能量沿着四肢散去。容許能量流向手指、腳趾、頭頂、口和眼等，釋放能量。

第六章

非暴力正念溝通

允許及接納自己和他人當下呈現的狀態，不判斷，如實接納，允許它自然存在。對溝通的過程及結果保持開放。有能力面對痛苦，能命名情緒感受和思想念頭，能陪伴及擁抱痛苦；能看見和理解思想、情緒背後的需要；能為內心需要、價值作出慈悲請求；能連結真實的自我，並以真我的能量——愛的能量推動我們回應一切。

溝通有兩種模式，一種叫做傳遞模式（Transmission Model），而另一種叫做儀式或文化模式（Ritual or Cultural Model）。傳遞模式是輸送訊息，傳遞知識，這是很多人在使用的模式，大部分機構都在使用這個模式。它是一種如銀行模式的溝通（a banking model of communication），認為只有老師知道，學生不知道，所以老師把知識存入學生那裏。這種模式製造貧富之分，誰懂和誰不懂之分，溝通成為等級制度。這種模式嵌入很多結構或機構之中，甚至在家庭結構之中。如果我們認為自己是老師，其他人是學生，那麼我們就很難做到對話。儀式或文化模式則是關於連結、共融和建立

團體，以對話為基礎，當中是沒有老師、學生之分，大家都是在同一個水平。你知道某些事，我知道另一些事，連結彼此，分享知識。這種溝通模式能產生知識，知識是共同創建的。

　　非暴力溝通同樣是走進溝通的核心——連結、共融、建立團體，嘗試將傳遞模式轉換為文化模式。應用這種模式，我們建立更多連結，建立團體，也將傳遞模式轉為對話模式，即是大家都有他們所知的東西，共創知識。我們不干擾他人，允許他們尋找自身的方法，他們有自己的內在智慧。非暴力溝通之美在於它把兩種模式聯繫在一起。

　　正念幫助我們更好地溝通，幫助我們覺知內在和外在正在發生的事情，確認它們的存在，能感受和理解自己的感受和需要，也能更準確地讀出他人的感覺和需要。溝通需要臨在、專注和覺察。正念培養臨在，臨在時，腦袋喋喋不休的聲音就會停止，讓我們更清晰。正念利用身體感覺、呼吸來錨定注意力，使我們能安住於當下，為內心創造空間，幫助更清晰地觀察，觀察自己的思想、感覺、行為、聆聽和說話，繼而作出更適切的回應。受刺激時，正念幫助我們在衝動和反應之間有所停頓，不起反應，保持平衡，看見更多的可能性，能有更多的選擇。正念使普通的經驗帶來豐富層次，有深刻的體會，令普通的對話變得豐富和更有連結。溝通最大的障礙是難以停留當下，不能臨在。我們只能在當下呼吸，不能為將來或過去呼吸，思想卻可以思想過去或將

來。正念呼吸幫助我們回到當下，讓我們停下來、慢下來，讓臨在活現，為慣性反應臨在、為判斷臨在、為感受臨在、對生命臨在。正念提供了修習，幫助我們回到真我，真我出現時，我們的慈悲能量便流動，使慈悲的給予和接收自然發生，這時我們才能真正活出非暴力溝通的四個步驟和同理。

溝通的目的是連結、理解和傳達愛。奧朗・傑・舒佛（Oren Jay Sofer）在他的著作《正念溝通》（*Say what you mean*）中指出，與人溝通，除聆聽和說話外，還有很多其他元素：包括聆聽者與說話者之間交換的資訊；說話者所說的內容，他的身份、權力和地位等，以及他整個人所散發的能量；聆聽者的各種狀態及四周環境的能量。我們的溝通不論是語言的還是非語言的，會帶着很多情緒、見解、判斷和信念。我們要清楚覺知，源於核心信念「不足夠」、「不夠好」、「無價值」、「人我分離」的能量，會促使我們作出無意識自動反應，我們要保持覺醒，避免讓這些能量推動我們說話和思想，避免陷入二元對立判斷之中，從而培育敏銳的覺察力，作出有意識、智慧的選擇。

一、「非暴力正念溝通」的特點

我們應用非暴力溝通和正念，達致溝通的美善目的。結合非暴力溝通和正念的生活方式，我們稱之為「非暴力正念溝通」。非暴力正念溝通是當下有意識的溝通，以修習「深度

聆聽」和「真誠表達」來達致溝通目的。非暴力正念溝通有以下幾個特點：溝通之前，會作溝通前的預備，預備等會兒聽甚麼？怎樣聽？說甚麼？怎麼說？會作自我連結，預備一個良好的狀態進入溝通。與人溝通時，我們非常清晰地覺知自己的溝通意圖，清楚覺知溝通的目的，知道「甚麼最重要？」把焦點和注意力放在當下，覺知當下自己的內在、外在及他人的內在、外在所發生的事。有能力讓自己回到當下及停留在當下，也有能力幫助他人回到當下及停留在當下。允許及接納自己和他人當下呈現的狀態，不判斷，如實接納，允許它自然存在。對溝通的過程及結果保持開放。有能力面對痛苦，能命名情緒感受和思想念頭，能陪伴及擁抱痛苦。能看見和理解思想、情緒背後的需要，能為內心需要、價值作出慈悲請求，能連結真實的自我，並以真我的能量——愛的能量推動我們回應一切。

二、深度聆聽

1. 溝通前的預備

　　身心狀態的質素決定我們溝通的品質。溝通之前，我們先與自己連結，讓自己有較好的狀態。我們要認真問自己：「我是不是真的願意投放時間和注意力去溝通？」根據非暴力溝通，我們不做與自己內心不相符的事！確定投入溝通後，我們便將能量傾注在自己的言行之中，與自己連結，讓內心

柔軟、擴大內在空間，增加同在的能力。

2. 甚麼是深度聆聽？

　　小時候我們都可能經歷過，跌倒了或受到挫敗時，奔跑到媽媽那裏。媽媽打開雙手，把我們摟入懷裏，溫婉地輕撫我們的頭部、面頰、背部……媽媽可能還不知道發生了甚麼事，也沒有問到底出了甚麼事情，我們已得到安慰。多年前，梅村有一位法師，他接到媽媽逝世的消息，感到非常難過，他跑到一行禪師那裏，告訴禪師。禪師把他擁入懷裏，不發一言。那位法師哭了，哭濕了禪師的僧袍。我們小時候受傷會跑去找媽媽，我們難過時會去尋找安穩、慈悲的人，因為我們知道會在他們那裏得到支持和理解。我們就是要培育這種聆聽的品質，幫助他人表達內心的情感，讓人感到被關心。深度聆聽能幫助我們建立這樣的聆聽品質。

　　一行禪師說，深度聆聽能讓人釋放痛苦。2012 年奧普拉·溫弗瑞（Oprah Winfrey）訪問一行禪師時，他說：「深度聆聽是能讓人釋放痛苦的聆聽，我們亦可以稱它為慈悲聆聽，聆聽時目的只有一個，就是幫助對方盡訴心中情，倒空心中的一切。如果我們記得我們的目的是幫助他人減輕痛苦，就算他說的東西充滿錯誤觀點、苦澀，我們仍能持續地以慈悲心聆聽。因為我們知道這樣帶着慈悲聆聽，能幫助他們減輕痛苦。如果我們想改正他，可以另外找一段時間去更正。在這段時間，我們只管聆聽，慈悲地聆聽，幫助他減輕

痛苦。這樣聆聽一小時後，會帶來轉化和療癒。恐懼、憤怒、絕望來自錯誤觀點。我們對自己和他人的錯誤觀點是衝突和戰爭的根源。通過深度聆聽的過程，我們可以學習很多關於自身的錯誤觀點以及他人的錯誤觀點。」

要知道甚麼是深度聆聽，我們可以從甚麼不是深度聆聽的事例探索。《讓生命發聲》作者帕克·巴默爾（Parker J. Palmer）以他自身的經驗，點出了我們所犯的深度聆聽毛病。他說：「很奇怪的是，關於憂鬱的記憶，最歷歷在目的，竟多半是那些來探訪我的人。我處於那種情況下（憂鬱），理當不會留意到誰在、誰不在才是。憂鬱是一種極度斷絕的狀態，把一個人賴以維生的連結全都給奪走了。」他分別列舉了幾種情況：

「有些造訪者使勁要我別氣餒，他們會說：『今天天氣很好，要不要出去走走，曬曬太陽，看看花兒？我相信這樣你會覺得比較舒服。』不過這個建議只是讓我更消沉。理性上，我當然知道天氣很好，可是我就是沒辦法用我的感官去體驗它的美好，用身體去感覺……被人家提醒這個斷絕的狀態，只會更加失望。

有些人來看我會說：『你這麼優秀，你書教得好，文章寫得又棒，又幫助過無數的人。想想這些你做過的好事，一定會比較好過。』這個建議讓我的沮喪有增無減，因為它將我推入我個性中的『好』與『壞』之間的巨大鴻溝。我聽到這些話的時候，心裏想着：『又多一個人被騙了，他看到的是我的形

象，而不是真正的我。要是大家能看見真正的我，他們在一瞬間就會棄我而去。』

　　有些訪客則是劈頭就說：『我完全了解你的感覺……』不管這些人想要給我甚麼安慰或是建議，在這句話後，我甚麼都聽不進去了。朋友的同理心讓我更加孤單。朋友的『安慰』裏面是：逃避與否定。置身於彼處，感覺自己既無用又無力。而這正是沮喪消沉的人會有的感覺。為了逃避這些感覺，我（安慰者）會提供建議，讓他自己感到解放。採納我的建言，也許你會比較好；要是你沒覺得好一些，至少我已經盡了力。你若不接納，那我也沒辦法。不管哪一種狀況，我都可以讓自己跟你保持距離，覺得輕鬆，又沒有罪惡感。」

　　那些朋友對帕克用了建議、安慰、否定、逃避等的方式對待，讓他感到更受苦。聆聽時，對方未被充分地同理之前，如果我們給予建議、安慰、糾正等，會妨礙我們充分體會他人的處境，使我們與他人失去連結。

　　面對受苦的人，我們總是不期然想給予很多幫助。看着別人受苦時，引起了我們不知所措、無助又無力的感覺，我們因抵受不了當下所體驗的痛苦，而給予建議、安慰、同情，想令自己好過一些。要能真正聆聽，我們必須培育承載痛苦的能力。

　　帕克在書中還引述了在他抑鬱期間，朋友比爾每天下午到他家，替他做腳底按摩。比爾不太愛說話，說的話卻很能反映帕克的狀況。比爾會說：「我感到你今天有掙扎。」或者

「我感覺你現在比較強壯了。」帕克沒有能力回應他，可是有比爾在那裏，讓他感覺到有人看着他，有人知道他的情況。

深度聆聽，就是要有勇氣跟受苦者同在，感受他的感受，純然的陪伴他，這樣最能在當下幫助受苦者。悲傷教育學者愛倫·沃福特所寫的〈陪伴與聆聽〉，最能呈現深度聆聽的畫面了。

陪伴與聆聽

作者：沃福特

陪伴是向靈魂致敬，而非智力的考驗。

是好奇心，而非專業。

是同行左右，而非引領或被帶領。

是保持靜止，而非急着向前行；

是發現沉默的奧妙，而非用言語填滿每一個痛苦的片刻；

是用心傾聽，而非用腦分析；

是見證他人掙扎歷程，而非指導他們脫離掙扎；

是出席他人的痛苦情境，而非幫他們解除痛苦；

是敬重失序與混亂，而非加強秩序與邏輯；

是與另一個人一起進入心靈深處探險，

而非肩負走出幽谷的責任。

3. 如何深度聆聽？

3.1 自我聆聽

　　我們以為深度聆聽是對外的，其實它是對內的。我們內裏的聲音在呼喚我們，它們渴望我們聆聽。這聲音也許是來自我們的身體，也許來自我們的感受，也許是我們的思想觀點。聆聽這些聲音非常重要。聆聽自己的能力是聆聽他人的基礎。我們想回到內在聆聽自己，可是我們有障礙，而障礙往往來自我們的核心信念。縱使我們能回到內在，我們的腦袋裏卻有很多聲音。我們要覺察這些聲音，對這些聲音不壓抑，與它同在。呼吸能幫助這些聲音安靜、沉澱下來，每一個有意識的呼吸都能幫助我們擴大內心的空間，幫助我們看清自己的狀況，覺察自己當下，對內裏「要講的東西」保持敏銳。自我聆聽是一份察覺，讓自己不被自我及偏見阻礙，保持中立、客觀，幫助我們聆聽他人。聆聽他人的品質取決於我們聆聽自己的品質。

　　一天，我問 Fr. Chris：「靈性生活最重要的修行是甚麼？」他答：「最重要聆聽自己的內在聲音！」內在聲音形形色色、有強有弱、有顯有隱。它會表現在我的行為、在我的思想中，或潛藏在我攜帶的能量中。我會特別留意那些讓我感到愉悅和不愉悅的「聲音」。循着這些「聲音」往內探索，我發現了很多未曾理解的內在部分，非常療癒與滋養。覺知後，我承認自己有這些能量，並接受它們，經驗它們。我允許一

切身體的知覺及內心感受浮現，與感受同呼吸，與眼淚同呼吸。哭是可以的，但要記得呼吸，哭與呼吸同在，才能有真正的釋放。我坐下陪伴自己，用雙手擁抱自己，百分百地與自己同在。陪伴、擁抱中，我平和了，然後問：「我感受背後的需要是甚麼？」身體慢慢展現了答案，是需要接納和理解呀！聽到後，我跟自己說：「親愛的，我聽到了，我在這裏為你而在，正在學習接納和理解你。此刻你感受到接納和理解嗎？」

3.2 預備聆聽他人

聆聽他人是要作預備的，包括外在的預備和內在的預備：外在預備，是預留了這段時間來聆聽對方，把其他的事放在一旁，也不要趕着要做其他的事，不要預設要達成的目標，把可能干擾聆聽的東西放下，如關掉手機等；內在預備，是想像這是人生第一次也是最後一次的相遇，一期一會，視對方為垂死的親人般來看待。如果我們有以上兩個的想像，便能夠幫助我們珍惜當下寶貴的機會，幫助我們放下要改變、要解決的衝動，讓我們更能陪伴、接納和同在。

3.3 幫助對方回到當下

讓自己回到當下，停留當下，並把對方帶回當下及幫助他停留在當下。聆聽他人時也聆聽自己，不時留意及感受自己的呼吸和身體感覺，提醒自己放鬆。為了幫助對方返回當

下，我們可以聆聽幾分鐘後，問對方：「你現在留意到自己的呼吸嗎？」或「你現在身體哪個部位感覺特別強烈？」這些問題能有效把對方帶回當下，也能幫助對方返回內在接觸內在的生命。

3.4　保持連結

臨在是連結的基礎，持續地回到當下，保持臨在。帶着覺知聆聽是保持連結的核心。聆聽時，將注意力放在對方，也放在自己身上，來回的轉換注意力在彼此身上。留心對方說話的內容、聲線、音量、語調，察看他的身體語言——表情、姿勢、動作等，探索他的感受和需要。也留意自己在溝通過程中的內心狀態——「想回應」、「覺得應該回應」、「想迴避」等等，覺察後，只要溫柔地將自己帶回呼吸、身體感覺上便可。

3.5　讓對方感到被接納

聆聽時，我們的身體語言會傳達我們接納的訊息。我們在聆聽後的回應，也會透露我們接納的訊息，對方會從我們的語言回應和身體語言中接收到我們是否接納他。如果我們內裏有不接納，就算我們不說出來，也會在我們的身體語言中顯露，對方是能感覺到的。所以，接納要從內在的思想做起，更要從自我接納開始。當我們能接納自己時，就較容易願意聆聽對方，允許對方有自己的想法、感受、需要，並願

意傾聽，相信對方內在的智慧，相信他有能力處理問題，當下自己好好陪伴就好了，不必替他解決問題，這就不會加添我們的壓力和負擔。

視眼前的人最為重要，我們關心和好奇他當下內在鮮活的生命，並接納他當下內心所經驗的一切。聆聽時，帶着關心、好奇，善用一些助語詞、句子和問句鼓勵對方多表達，藉此幫助對方自我了解，也幫助我們更理解他，讓他感覺安全、受重視。

「啊？」

「嗯！」

「哼！」

「是呀？」

「明白。」

「知道。」

「了解。」

「怎麼啦？」

「原來是這樣！」

「很有意思呢！」

「再多說一點呀！」

「你願意說來聽聽嗎？」

「我很想聽聽你的想法。」

「這對你來說，似乎很重要。」

「我真的很想了解你發生甚麼事？」

「我猜你是不是過去的經驗讓你難以接納這件事？」

「你願意告訴我，是甚麼原因令你不想做這事情？」

「你今天好像無法安定下來，可以告訴我發生了甚麼事嗎？」

「你不願意這樣做，背後一定是有甚麼對你來說是很重要的原因，可以說來聽聽嗎？」

（參考：湯瑪斯·高登《父母效能訓練》）

3.6　讓對方感到被理解

聆聽時，我們帶着「長頸鹿耳朵」來聆聽，留心和感受對方的感受，將焦點集中在探索對方的需要，並複述對方的感受和需要。如果對方能夠非常清晰地表達其訊息內容、思想感受和需要，我們便很容易正確解讀，我們只需把聽到的話反射回去便可以。可是現實生活中，有不少人的表達，不論是語言或非語言的，都是辭不達意，都不能清楚描述事件的觀察、內心的感受和需要，他們表達的是判斷、指責、埋怨等等，這種情況下，我們則要撥開雲霧，有能力去解讀訊息背後的感受和需要，並在適當時機，作複述及核對。

3.7　視乎不同的情況選擇不同的回應

（一）對方很需要表達，很想有人聆聽，暫時不需要任何外來的意見或建議。此時，我們要做的是靜默聆聽，眼睛望

着對方，以點頭表示同意。

（二）對方說話希望得到我們回應，我們可以進行複述並加以核對。複述說話者的說話內容和身體語言、感受和需要，會使對方感到被看見和被聽見，彼此間的連結因此而產生。我們回應時用「你」作為句子的開始。

　　複述加核對具體步驟：

- 複述我們聽到對方剛才的說話內容，並向對方核對說話內容：

「你剛才說…… 是嗎？」

- 複述我們看到對方的身體語言，包括他的表情、聲調、動作等：

「（我看到）你說話時（手舞足蹈）……」

- 複述對方的內心感受，並向對方核對：

「你感到（感受）…… 對嗎？」

- 複述對方的需要，並向對方核對：

「你感覺（感受）…… 是不是（需要）…… 對你很重要？」

- 完整複述：

「當你聽到/看到/想到…… 你感到（感受）…… 因為（需要）……對你很重要，是嗎？」

　　複述後，停一停，等對方回應，給予空間讓他更正，或補充。我們不一定猜中對方的感受和需要，沒關係，我們已經把對方帶進內心，去關注他的感受和需要了，能幫助對方走出思想的分析、判斷，幫助他了解自身的感受和需要。同

時，讓對方感受到被聆聽、受重視，得到同理，產生連結。

　　（三）對方認為我們是他的受苦原因。對方的需要沒有得到滿足而引發情緒，他認為是我們所造成的。這種情況下，我們提醒自己：我們聆聽的目的只有一個，就是減輕對方的痛苦！全心全意聆聽，並複述對方的感受與需要。當對方感到完全被理解了，就會放鬆下來，這時，我們問他是否願意和有空間聆聽我們。我們可以表達我們的觀察、感受和需要。通常人們被充分同理聆聽後，都會願意聆聽他人的。假如對方投訴我們說：「你沒有聽我說話！」我們可以這樣回應：「你是不是感到難過？你渴望得到更多的理解和尊重，是嗎？」

　　　對方「蠻不講理」時，我們怎樣回應呢？我們此時提醒自己「評判、批評、攻擊都是需要沒有得到滿足的可悲表達」。把注意力放到對方的感受和需要上，好奇他此刻內在的感受和需要，我們可以不斷地猜測對方的感受和需要：

- 「你感到很傷心，是嗎？」
- 「你很想得到理解，是不是？」
- 「你很憤怒因為你很想得到尊重，是嗎？」

　　（四）對方數說他人不是。對方來到我們面前說某某的不是時，我們可以先充分同理對方，之後可以問對方：「你猜你所說的那個人想得到甚麼呢？」這能幫助他去理解他人。

三、真誠表達

　　真誠是所有修習的基本德行，尤其是在非暴力溝通中。真誠在這裏所指的是我們與自己同在，對自己真實。修習非暴力溝通時，我們需要對自己真誠才可以與自己接觸，向自己真誠是指能夠如實接受自己，這對我們來說是一種挑戰。因為真誠的整個目標是要接受自己和理解自己。對自己真誠，會接觸到內在的陰暗面，我們最害怕自己，最怕自己真實的一面顯露出來，最怕向自己顯露自己，揭露私隱。

　　真誠是一個很困難的概念，真誠被假設是用來改善關係和加強關係，但只有人們能真正連結，真正為彼此臨在時，真誠才有可能。有時候我們怕所說的話會傷害人，害怕出於好意的話語，對方聽起來卻是一種傷害，於是戰戰兢兢地說話，只說那些讓人感到受尊重或感到欣賞的話，而害怕說出自己的心底話。很多時，我們擔心他人怎樣看自己，怎樣說自己，怕他人不接受自己，這些都會阻礙我們真誠。真正的關係是每個人在關係中沒有恐懼，人人都能對他人完全開放自己。

　　真誠可能存在於頭腦、或身體、或感受裏，然而真誠是全身心的事。怎樣走近真誠比任何事都來得重要。愛、尊重、臨在是真誠的三個重要元素。表達真誠需要臨在，並結合愛和情感。不能把真誠與愛分割，因為真誠與愛攜手同行。真誠的意思，就是尊重，全然地尊重另一個人，全然

地擁抱、接納另一個人，把對方視為很珍貴，把關係視為很有價值，同時又知道關係很脆弱，這種態度和認知就是愛的表達。真誠是有勇氣放下所有判斷，放下所有的東西，能擁抱內在的光明與黑暗，能看見光明與黑暗不是兩種不同的東西，它們是一體。我們需要純粹出於愛來做事，只有愛能驅除心中所有的恐懼，幫助我們從恐懼中解脫，獲得自由。

　　真誠不困難，說謊才困難，因為不論你喜歡與否，你常常都在展現自己。縱使你不說話，你的表情、你的眼睛、你的身體都在展露自己，讓人知道關於你的一切。真誠不是取決於你自己，不論你喜歡不喜歡，不論你思想甚麼，不論你做甚麼，它會自然展現，人人都能看見。真誠是一些你不能躲藏的東西，你可以假裝你躲藏，你可以認為你能躲藏，事實上，你不能躲藏。一旦你出生，你便是開放的，也許你嘗試對自己及他人躲藏，但你只能嘗試這麼做，卻不能真正躲藏，因為任何時候你不能不真誠。真誠是很自然的東西，是我們的本質。我們不需要嘗試變得真誠，嘗試變得誠實是很奇怪的事，因為真誠本身就是那麼自然的事。

1. 豺狗的真誠 vs 長頸鹿的真誠

　　在非暴力溝通中，有分「豺狗的真誠」（jackal honesty）和「長頸鹿的真誠」（giraffe honesty）。豺狗的真誠是沒有連結的真誠，無連結，只有判斷。長頸鹿的真誠是通過連結來表達的真誠，是有連結的。非暴力溝通重要的基礎是真誠，

但更重要的基礎是連結。豺狗的真誠是向對方全然真實，卻沒有慈悲，只是想揭露對方的弱點。這種真誠，我們講的是事實，但我們用的方法卻不帶慈悲，也沒有照顧對方的感受或需要。長頸鹿的真誠則是，我們講的是事實，我們不只真誠，同時會尊重、慈悲、關心對方，重視他的感受和需要。豺狗的真誠是不照顧也不尊重他人的感受和需要，長頸鹿的真誠卻會顧及他人的感受和需要。長頸鹿的真誠是我們既接受自己也接受對方，這種真誠讓我們有能力向世界的實相開放；長頸鹿的真誠是指我們對自己真實，說關於自己當下內在活生生的東西，說自己的事，而非說別人的事。每當進入非暴力溝通的練習時，我們都會以「問候」開始，彼此告訴大家當下我們內在活生生的東西，這便是全然真誠的表現。

2. 嚇人的真誠

我們要尊重他人，知道每個人都很脆弱；我們要保持覺察，記着每個人都非常脆弱。覺知「我們都是很脆弱」的事實，便是嚇人的真誠。如果要表達一些我們害怕會傷害對方的話時，我們可以請對方戴上「長頸鹿耳朵」，告訴他：「我有一些關於自己的事情，我難以啟齒，我害怕説出來，因為擔心會帶給你傷害。」這就是「嚇人的真誠」（scary honesty）。嚇人的真誠是馬歇爾所提出來的，他説我們在表達的時候會很害怕説出或表達真相。嚇人的真誠是關於怎樣開始一個困難的對話，如何説真話，同時知道怎樣回應講真話時對方可

能有的反應。如果你不喜歡對方做某一些事，你想告訴他，你可能感到害怕，怕對方的反應，你也可能害怕對方說一些話，你不知自己怎樣反應，這種對話的狀況叫人害怕的。嚇人的真誠背後是指我們要無畏無懼地表達真相，面對自己的真面目。

非暴力溝通關於溝通，溝通則是關乎我們怎樣與人表達真相。當我們向對方表達真相時，對方怎樣接收？我們也許很真誠，對方所處的位置或態度是否準備好接受真相呢？或許我們毫無判斷地去表達真相，但對方卻接收成為一種判斷，因此，我們可以邀請對方戴上「長頸鹿耳朵」，戴上長頸鹿耳朵時，我們便能保持聯繫，只要有連結，我們就可以移動、理解、討論及幫助對話。首先連結自己，然後與對方連結。嚇人的真誠是能夠說出真相，說的同時卻是不會傷害對方，且能幫助對方明白及接收。嚇人的真誠的底層是關於真相，關於自己或對方的真相，它需要先有連結，以連結為基礎，只能有連結，對我們自己和他人的真相才能被理解和接收。

Fr. Chris 說：「以前我因為害羞，害怕揭露自己，不能對自己誠實，因而不願表達我在思考的事情。要說出我內心的東西，我覺得非常困難，但現在我已沒有這些問題了。我看到那嚇人的部分，其實是來自擔心自己說的話，不為對方所接納。遇上非暴力溝通後，讓我知道對方是否接納並不要緊，我們是常常可以重新連結的，就算犯了錯，我們總是可

以重來，再次與對方連結上，這不是溝通的終結，溝通本身是不會在任何一處停止的，它是一個持續的過程。縱使對方很難接受我說的話，他變得憤怒，這不是問題，因我常常可以跟他聯繫的。這樣，嚇人的部分便消失了。」

非暴力溝通打開了連結之門，每一件事的出現都只是一個開始，我們能夠常常重來，重新開始，沒有甚麼大不了，這不會是世界末日。我們害怕關係上的傷害，於是努力去維持關係，但有效嗎？任何關係，你若害怕它受傷害、需要保護的話，是沒有效的，因為關係是一種流動，不是僵硬的東西，它不是你需要保護的東西。真誠不是一些需要害怕的東西，它是一些那麼自然的東西。受傷、痛苦都是一份修習，若能穿越痛苦，反而可以成為一份祝福。

3. 講說愛語

我們所說的每一句都在編織自己和他人的生命，說話既能滋養我們，也能傷害我們。梅村的「五項正念修習」之第四項正念修習 —— 愛語和聆聽：

> 覺知到說話缺少正念和不懂得細心聆聽所帶來的痛苦，我承諾學習使用愛語和慈悲聆聽，為自己和他人帶來快樂，減輕苦痛，以及為個人、種族、宗教和國家帶來平安，促進和解。我知道說話能帶來快樂，也能帶來痛苦。我承諾真誠地說話，使用能夠滋養信心、喜悅和希望的話語。

一行禪師在《諦聽與愛語：一行禪師談正念溝通的藝術》（*The art of Communicating*）中提及我們要講說有益身心的話，學習說理解、慈悲、真實的話語，避免講說不仁慈、暴力、不真實、顛倒是非黑白、判斷的語言。很多時，我們腦袋的聲音或說出來的話充滿批判、暴力，令自己和他人受苦。禪師教我們「轉換 CD」，講說愛的真言（Love Mantra）代替那些不仁慈的話語。他教我們在平常沒有甚麼事情發生的時候，可以跟自己和我們所愛的人說這三句愛的真言：

- 「親愛的，我為你而在。」
- 「親愛的，我知道你在那裏，我很高興。」
- 「這是快樂時刻。」

若對方在受苦時，我們可以這樣說：「我知道你在受苦，因此我為你在這裏。」如果我們自己受苦，而這痛苦又與對方相關，我們可以說：「我正在受苦，請你幫助我。」

4. 覺察表達的慣性

真誠表達的基礎是覺察。問一問自己這三條問題：

- 「溝通的時候，我是聆聽多還是表達多呢？」
- 「與人溝通時，我會在甚麼情況下搶着說話？甚麼推動我要表達呢？」
- 「溝通時，在甚麼情況下我不敢或難以表達？甚麼障礙我開口說話？」

4.1 聆聽多還是表達多？

一般情況下，有些人會習慣多聆聽，有些人則喜歡多表達，有些人會因應對象不同而有差別。

4.2 搶着要表達

與人溝通時，我們可能會害怕靜默。二人相對，沒有話說時會感到很不自在、很尷尬，於是會催逼自己說話。我們可能對於「靜默」、「留白」有固定的觀點，認為停止說話代表溝通不好，靜默代表關係有問題。以為不斷說話代表溝通流暢、成功，是連結的象徵。所以，由始至終要用說話充塞整個空間。

我們也可能對「表達」作自我評價，認為說話代表自己是「有料」、有見識、有能力、有趣、聰明等等，所以我要說話顯示自己。相反，不說話代表「無料」、無見識、悶蛋。不停說話可能是渴望被看見，希望得到認同和欣賞。我們表達，有時是想給對方愛、教導或指引，有時是想保護對方。有時我們說了話，對方沒有回應，為怕對方尷尬，我們便繼續說下去。無意識地搶着說話，內裏可能是害怕不說話就再沒有機會了，此刻不發聲，錯過了機會將引致指責自己。有時候，搶着說話，是希望被看見、被聽見、被重視，這反映說話者內裏缺乏自信，感覺不足夠，而向外求認同及肯定。搶着說話會使我們缺乏敏感度，看不見別人的需要，沒有留空間給別人，別人會覺得被冷落，沒有歸屬感。

4.3 不敢表達

我們不敢表達，往往是因為覺得自己的見解很平庸，沒有甚麼特別；或者怕說出來被人取笑，或者可能認為自己不重要，人微言輕，我說不說出來都沒有分別；或者自我價值感不足，別人才重要，讓別人說吧；或者怕傷害人，怕說了之後不知有甚麼後果；或者對他人的信任不足；或者怕別人不知怎樣看待自己，有很多恐懼。我們怎樣看待人性也會影響我們敢不敢說話，如果我們認為人性是醜惡的，我們自然不敢多說。要覺察我們內在的運作，它會推動我們說話或不說話，它會影響我們的臨在。我們要覺知這些內在無意識的反應，重要的是我們要在每個當下覺知自己內在發生甚麼事，與自己連結，亦與外在連結。當我們感到平靜、安穩、清晰的時候，你自然知道在這相處、對話、溝通的過程裏，應選擇甚麼時候說話，甚麼時候不說話。

5. 表達之前的預備 —— 臨在、意圖及心態

誠如深度聆聽，真誠表達需要臨在。臨在當下，我們有所覺知，覺知是真誠表達的根基。我們要臨在，要能真正看見對方，真正與對方相遇，看到真實的他、體驗到他、看見和感受他當下活生生的生命，而非在腦海中思想關於他的概念，從而體驗到彼此的連結。我們要檢視我們的意圖，確定是連結和理解時，再檢視內心是否帶着尊重和愛？確定有尊重和愛後，才讓自己開腔說話，否則寧可保持靜默不語。

6. 表達時的覺知與連結

　　說話表達的時候，對自己的注意力、說話的聲調、速度、內容，當下內在正在經驗的思想、感受、渴求等等保持清楚覺知，對他人的內心、狀態也敏銳覺察，清楚表達自己，與自己保持連結，與他人保持連結。說話時，有意識地呼吸，慢慢呼吸，放慢語速，用讓自己感到舒服、從容的語速來說話，製造空間，幫助聆聽者更專注、更易接收和理解我們所說的話，提升溝通效果。我們的語速直接反映我們的內心狀態，因此我們可以藉由改變語速來調整內在狀態。

　　對話中，留意內心的各種反應——自己是否急着要說話，急着要被看見、被聽見？害怕失去說話機會？有意識地選擇說話嗎？有留空間給對方說話嗎？有沒有不想開口的時候？是無意識地說話或不說話，還是有意識地依據需要來選擇說話或聆聽？有在意保持彼此的連結嗎？對內在一切保持覺察，我們內在的能量是不會被我們言詞修飾遮蓋得到的，對方是能感覺得到的。（參考奧朗・傑・舒佛《正念溝通》）

7. 表達的技巧

7.1 停頓

　　為保持清楚覺察，我們可以在說話時，修習停頓。慢下來，在說話的句與句之間或在回應之前修習停頓，停頓一個呼吸的時間，或兩個呼吸的時間。停頓時，可以將注意力放

在身體的感覺上或放在呼吸上，這樣能幫助我們清楚覺察自己當下的思想、感受、狀態、渴望等，作出適當的選擇和調整，創造內在空間。

7.2「我訊息」

　　表達時，用「我」作為句子的開始來表達，對方就較不會感到被判斷。譬如，我們在等同事Candy的電子郵件，過了時限仍未收到，如果我們對Candy說：

- 「妳沒有寄電郵給我。」（第一種說法）
- 「我還沒有收到你的電郵。」（第二種說法）

　　如果你是Candy，你較喜歡哪一種說法？第一種說法是不是較容易引發你的防衛或對抗？第二種說法是不是相對更有空間？假如Candy真的還沒有寄，後者的說法能起提醒的作用，假若她已寄了呢，只是各種原因令我們沒有收到，這樣說，我們也不會冤枉對方了。兩種說法主要分別在於第一種是以「妳」作為句子的開始，第二種則是以「我」作為句子的開始。以「我訊息」開始表達，是一種負責任的說話方式，別人聽起來會較有空間和舒服。

8. 表達「不滿」

　　在人與人的相處上，日子久了，總會出現一些不如意的事情，對方可能做了一些事讓你感到不滿。內心感到不滿，有些人會用說話表達出來，有些人則隱藏於心中。關係上出

現不滿卻不用語言坦誠表達出來，或不適當處理，會帶來帶來甚麼影響呢？若是表達的話，又可以怎樣表達呢？

 ## 「不表達」的故事

　　2020年初，因疫情的關係，我們一個六人小組每星期在Zoom共聚一次，組員都感到這個共修很療癒與滋養。後來疫情好轉，我的工作坊陸續轉為實體，工作開始繁忙。某次聚會後，正當大家約下次見面日子時，我說：「我沒有時間，我只能兩星期與大家見面一次。」我簡單述說了原因。當時沒有人反對，也沒有人說甚麼，然後散會去了。

　　大約過了一個月，我約了其中一個組員Andy吃飯，他是我認識了二十多年的好友，但我們已差不多一年沒有實體見面了。下面是當時我們見面時的部分對話：

Christine：很久沒有實體見面了，說說你的近況呀！
Andy：沒甚麼，還是老樣子！

Christine：你看下餐牌，你想吃甚麼？
Andy：（淡淡地說）隨便。

Christine：你覺得XX怎樣？
Andy：一般！

> 　　我感覺很奇怪，問一句答一句，冷冷淡淡的，Andy 好像變了另一個人，不像往常般有來有往的傾談。問他發生甚麼事，他又說沒甚麼。我摸不着頭腦，也感到不是味兒，吃了一頓「無味」飯。
>
> 　　之後，又過了一個多月，在某次的互動中，在我的鼓勵下，Andy 才告訴我，他原來他不滿我擅自更改那個六人共修小組的聚會次數，由一星期聚會一次改為兩星期一次，而沒有事先跟大家商量。

　　上面「不表達」故事中，Andy 心有不滿，卻沒有表達出來。後來我和 Andy 一起探索他不表達的原因：

• 意圖——他想保護關係，不想破壞關係。

• 信念：

— 他認為「表達不滿」＝「指責對方」。他選擇不表達的其中一個原因，是害怕對方承受不起被指責。另外一個原因是害怕表達會引發對方的抗拒、反駁，因而破壞關係，他害怕失去關係。此外，他害怕表達不滿會引發自己的情緒，怕自己變得衝動，控制不到情緒。

— 他認為時間可以沖淡一切，日子久了就會沒事了。

— 他認為這是小事，那麼小事都跟對方理論，這表示自己很小器。況且他跟對方認識超過二十年了，且對方又恩於自己。

相信很多人跟 Andy 一樣，不表達是想保護關係，不想破壞關係，然而，剛好相反。以為是小事，過些時候便會沒事了，時間可以沖淡一切。然而看看 Andy，他事隔了一個月，還對我冷漠以待，從他的情緒反應看出這不是小事，而是「大事」。他的情緒，又讓我感到疏離，失去連結。他原本採取不表達是想保護關係，相反，卻傷害了關係。

8.1 如何真誠表達「不滿」？

　　要真誠表達不滿真的不是一件容易事。當心中對對方有不滿時，如果想向對方真誠表達，我們先要做自我同理以及在內心同理對方，然後檢視自己的意圖，清晰所表達的內容，講說愛語等，這需要一定的訓練。

真誠表達，簡單歸納為下列幾個步驟：

（1）自我同理及在內心同理他人

（2）內在檢視

（3）易身而「聽」

（4）邀請對方溝通

（5）面對面溝通

（1）自我同理及在內心同理他人

　　當心中有不滿時，我們首先要做的是自我同理。我以好友 Andy 缺席靈修聚會一事作例闡述。

「缺席靈修聚會」故事

　　有一次，Andy缺席我們的靈修聚會，這個小組只有七人，是一個很親密的小組，我們每兩星期共聚一次，且聚會時間通常在兩星期前便已定好了。忽然，在聚會前的一個多小時，他在Whatsapp群組說他不能出席今天的聚會，卻沒有解釋甚麼原因。我看見訊息時，當下感到不舒服，幾小時後，我更在Facebook上看見他上載了一幅與友人吃飯的照片⋯⋯我一推算，那正是我們小組的聚會時間，我的情緒由不滿變為憤怒。我停不了判斷：「說甚麼他很重視這個小組？！隨便爽約！」「已不是第一次爽約的了，他不可靠！」「我們的聚會兩星期前已定好了，不可以早點通知大家嗎？！缺席又沒有給我們原因！」我把他敵化了。我的情緒能量很強烈，推動着我作反應，很多次，我拿起手機想寫訊息給他以表達我內心的感受。

　　經驗告訴我，如果順着我當下的反應而行動，必然帶來關係上的傷害，我實在有很多這種經驗。我知道，文字語言上我能修飾很美，能以非暴力溝通的方式，清晰地表達觀察、感受、需要和請求，可是，它掩藏不到我的判斷、指責的能量。

　　如果我帶着判斷、指責的能量，而沒有連結的話，這便

是豺狗的真誠了。我希望以長頸鹿的真誠來表達，於是覺察情緒後，我回歸內在去做自我同理（可參考本書第四章「同理心──自我同理與關懷」練習），幫助自己平復下來。這並不容易，情緒平復了後不久又出現，我花了好幾天的功夫才能真正平靜下來。在同理的過程裏，我發現了自己的需要是「清晰」和「坦誠」。我不斷一次又一次地同理自己，充分自我同理，使我內心有了空間，然後有能量同理Andy了，我猜測他可能需要放鬆和連結，找到他的需要後，我對他的敵人形象便減退了。

以上的過程便是「自我同理」及「在內心同理對方」。依此修習，我們便能平靜安穩下來。視乎情況，有時候我們需要長的時間才能真正平復下來，我們需要一點耐性。平靜安穩後，我們便可以考慮是否向對方表達，如果選擇表達的話，則可進入檢視意圖的步驟。

（2）內在檢視

檢視意願，問自己想不想向對方表達？如果想，則要檢視表達的意圖。檢視意圖，可以回答下面兩組問題。

第一組檢視意圖的問題：

（i）我是否想懲罰對方？

（ii）我是否想證明我對他人錯？

（iii）我是否想說服對方要按我的意願行事？

（iv）我是否想讓對方知道我有多痛苦而令他感到內疚？

（v）我內心是否仍然帶着判斷、或憤怒、或挫敗、或苦澀、
　　 或報復的能量嗎？

　　在內心誠實地回答這些問題，如果當中有任何一個答案
是「是」的話，都請你再回去內在做自我同理，直到所有答案
均為「否」。

　　第二組檢視意圖的問題：

（i）我是否想與對方連結？

（ii）我是否真心想明白、理解事情和理解對方？

（iii）我是否非常清楚明白自己的需要？

（iv）我是否渴望理解對方的需要？

（v）我是否願意把對方的需要納入來考慮？

（vi）我是否帶着平靜、平和、關心和愛的能量？

（vii）我的身體是否放鬆？

（viii）當去邀請對方溝通時，我是否允許對方說「不」？

　　同樣，在內心誠實地回答以上問題，如果當中有任何一
個答案是「否」的話，都請你再回去內在做自我同理，直到所
有答案均為「是」。

　　當第一組所有問題的答案均為「否」，以及第二組所有
問題的答案均為「是」，那麼，你便可以預備跟對方的「講稿」
了。

（3）易身而「聽」

　　我們可以把想跟對方說的話寫下，再用手機錄下所說的

話，然後代入對方的角度來聆聽，感受一下聽到這些話的感覺，以及看到自己的表情的感受。

以 Andy 缺席靈修聚會為例，我把想跟他表達的話寫下：「關於那次你缺席我們的靈修聚會，這個聚會的時間在兩星期之前已定好，你在聚會前的一個多小時，在 WhatsApp group 說：『對不起，我不能出席今天的聚會。』你沒有解釋因何缺席。大約五小時後，我在 Facebook 看見你上載了一張相片，你說與你朋友共聚午餐，我一推算，這正是我們組聚的時間。看到時，我感到很疑惑、失望、不舒服、無癮、嬲，有種被出賣、被傷害、被遺棄的感覺。你失約的情況不是第一次了，我不知該不該再信任你。對我來說，清晰和真誠很重要。」

我把寫下的錄影下來，後然代入 Andy 的角色來聆聽，我發現我說話的語氣平和、緩慢、舒適，但有幾個地方我感到不太舒服：首先是開頭的觀察部分，我一五一十地清晰描述，說得那麼細緻：「這個聚會在兩星期前已定好時間……這正是我們組聚的時間」，聽上去讓人有種「被數算」、「被監視」的感覺。另外聽到「無癮、嬲、有種被出賣、被傷害、被遺棄的感覺」，感到好像被指責的感覺。當聽到「你失約的情況不是第一次了，我不知該不該再信任你」，更開始想反駁，身體開始收縮。

於是，我把那些聽上去感覺不舒服的話修改或刪除，更改為：「當我在聚會前的一個半小時收到你會缺席我們的靈修

聚會而沒有解釋原因時，我感到疑惑、失望及不舒服，因為清晰對我很重要。我猜想當中一定有你的原因，我也希望聽聽你說，好嗎？」更改後，如果沒有問題了，便可以前往找對方去。

（4）邀請對方溝通

我們可以問對方下列問題：

（i）「我希望跟你傾談一件有關XX的事，你願意聆聽嗎？」

（ii）「請問這個時間談XX，你方便嗎？」

（iii）「你覺得這個環境適合談論此事嗎？」

以 Andy 缺席靈修聚會那事為例，我問 Andy：「關於上次你缺席靈修聚會的事，我一直希望跟你談談，不知你願不願意聆聽？」他答願意。

我然後問：「現在適合嗎？」他答可以。

我又問：「這個地方適合嗎？」他答適合。

於是，我便表達了。

（5）面對面溝通

表達時，最重要的是心中帶着愛及尊重，不帶任何判斷，並應用本章前面所提及的表達技巧——慢下來，說話間有停頓，以及用「我訊息」來表達。

表達完後，可以作連結請求，問對方：「你可以告訴我你剛才聽到我說的感受和需要嗎？」如果對方沒有說出你的需

要，你可以再告訴他你的需要，然後再請他複述你的需要。此外，也可以邀請對方說：「你剛才聽我說後，你現在有甚麼感受？」或「聽後，你有甚麼想表達嗎？」讓對方表達其內心。

最後，感謝他說：「謝謝你用心聆聽，了解我的感受和需要。我知道這並不容易，你卻願意及努力嘗試。謝謝你！」

 我與 Fr. Chris 的故事

有時候我們知道自己的表達可能會令對方感到不舒服，但若能看見這樣做能支持對方成長的話，我們也許會選擇表達出來。我們的表達很多時是自己內在的投射。真正體會此話的意思，是那次面對 Fr. Chris「質問」之時。

一天，我與 Fr. Chris 傾談《非暴力正念溝通　活出生命力量》進階課程（單元一）：「活在連結與慈悲中」。他問我：「在帶領非暴力溝通工作坊時，你是怎樣介紹它的四個步驟？」我回答：「我會設計活動讓參加者覺知自己無意識的自動反應模式⋯⋯」

還未說完，他問：「『覺知』在非暴力溝通來說即是甚麼？」我覺得很奇怪，覺知便是覺知了，哪有分在非暴力溝通還是正念？我答我不知道，他說你必須要知道。我說我真的不知道，但他還在問，連續問了至少三次，有種咄咄逼人的感覺，我很不舒服。我承認不懂，

但他還繼續追問，好像逼人招供一樣。我嘗試用我所知的各種方式回答，仍然過不了關。之後，他轉而問我怎樣介紹非暴力溝通？當天，我剛好為一間學校的全體老師帶領了一場非暴力溝通工作坊，我便以此解說我如何一步步透過活動，讓參加者從自身的經驗，去體驗、去覺察、去感受，有了親身的體驗感受後，我再加以講解理論。他聽了後，似乎沒有甚麼挑剔，卻冷不防說了一句：「你是不是很滿足於這樣？」我感到愕然，答說：「這不是滿足不滿足的問題，而是這是我的經驗。通過這個途徑分享，參加者覺得受用，有很正面的回饋，我便繼續而已。這是我嘗試不同的方法所總結出來的有效經驗。我仍然在學習，尋找其他方式，如果有更好的方法，我當然願意嘗試。我沒有想過我滿足於我所做的。你這樣問，我覺得很奇怪。」我開始覺察到自己內心有不悅的感受生起了。

接着，他又問我過往到世界各地學習非暴力溝通，上了近百場的工作坊，哪些印象最深刻？我隨即列舉了兩個印象深刻的課。想不到，我說完，竟遭他「全盤否定」。我開始不耐煩了，便跟他理論。過了一會兒，我再也按捺不住說：「我覺得很混淆，我不明白，我不知道要怎麼樣，我做不到你的要求……我覺得你今天的能量充滿判斷，好像變了另一個人般！我覺得你在判斷我、

批評我，你不信任我……我很難跟你溝通，我很混亂，我不明白……」我邊說邊哭起來，有種被人趕入窮巷的感覺。那邊廂，他卻如泰山般安穩，他同理我，我漸漸平復下來時，他清晰平和、語重深長地說：「我不是批評你，我只是在跟你一起探索，我問你的問題其實也是在問我自己，我只是希望與你一起來探索，弄清楚『非暴力溝通』是甚麼，探索一些我也尚未清楚的東西。我們跟學員分享非暴力溝通，目的是幫助他們發掘NVC，讓他們能夠用NVC來導航他們的生命。作為分享者，我們要清晰所分享的，不能含糊。無論所分享的甚麼，均要連結到NVC，將NVC的核心精髓帶出來，別與其他東西混淆。這是作為導師很重要的課題，要緊記！」

他續說：「千萬別懷疑你自己的能力、知識和理解。感到混亂是可以的，它是幫助我們尋找理解之路，讓我們更清晰。有智慧的人之所以有智慧，是因為他知道自己知道甚麼，更重要的是他知道自己不知道甚麼，而且很能夠接納自己的不知。修習『不知』是很重要的！承認自己所知的很少，不知的很多。謙虛的真正意思是完全開放，而完全開放是指接納自己的限制以及讓自己成長。不是有知識就是好，執着於知識會讓自己固化。」我淚流滿面，不過此刻流的是感恩之淚。

之後幾天，我都在深思這次對話中我的反應。有

時候，不期然會批判自己「任性」，也不免擔心 Fr. Chris 會怎樣看我？有時又害怕傷害了他。有一天，我鼓起勇氣，問他有沒有因我的反應給他帶來傷害，他說沒有，我便放心了。於是我專注去探索自己的內在，我回顧自己當時的反應──思想、感受、身體感覺、行為，將它們一一寫下。當我再想起他真誠地表達：「我不是批評你，我只是想與你去探索那些我也未弄清楚的事，那個我問你的問題同樣是在問我自己，我想與你一起去探索。」我眼淚簌簌流下，「一起」、「共同」，很觸動我。打坐時，我問自己：「為何聽到『一起』、『共同』時會那麼觸動？」慢慢浮現小時候「沒有你份兒」的痛。爺爺只帶弟弟去玩，我從沒有份兒，我已習慣到連想也不敢想。我多麼渴望被看見、被聽到、被重視，事情「我有份」呀！我只能夠表現極為出眾才能贏取關注、注視……我看到了我的傷痛和我的需要。

　　大約過了十天，我再次跟 Fr. Chris 談起此事，他分享說，當他連續三次問：「『覺知』在非暴力溝通中指的是甚麼？」我答不上來時，我內裏便生起防衛，我不能接受「不知道」，只接受「知道」，面對「不知道」，我很不舒服，這是自我不接納。我不接納自己，判斷自己、批評自己，然後，將這一切投射到他身上。我判斷、指責他，其實是自我批評的投射。這就是說，當我們在判

斷、批評他人時，便知道我們內裏有自我不接納了。

　　我反思過往的經驗，發現我將自己等同於我的表現、我的知識、我的成就。覺得做不到、做不好時，我便沒價值，感到羞恥，甚至憎恨自己。回顧當時自己答不上 Fr. Chris 的問題時，我羞愧得無地自容，先作了防衛。失陷時，我自覺毫無價值，憎恨自己無用，無意識地拋棄自己，與此同時，我內心已預備割斷關係……這種自動化、無意識的慣性拋棄動作，發生得非常迅速，也來得很強烈……只是，這一次我看得很清楚。

　　Fr. Chris 說：「一切都是來自自我不接納！」我誠心向他求教：「如何能真正接納自己？」他回答說：「最重要是知道自己真正是誰！」

第七章

非暴力正念溝通問與答

問 1：

如何在現實生活中應用非暴力溝通？一般人不清楚非暴力溝通的語言，不清楚感受與需要，是否覺得奇怪？

答 1：

非暴力溝通是人類共有的語言。它不是像中文，你懂，我不懂。它是大家共有的語言，所以就算一方用非暴力溝通，另一方不是使用非暴力溝通，這不等於不能溝通。非暴力溝通是與生俱來的語言，它是雙方已懂的語言，只因後來學習了「豺狗語言」，而忘卻了與生俱來的語言。所以沒有聽不明白的問題。

非暴力溝通要求我們以「長頸鹿耳朵」來聆聽，無論對方說甚麼，我們都聚焦去聽對方的感受和需要，幫助對方從頭腦帶回到內心、身體。非暴力溝通語言很簡單，首先，我們要覺察自己的感受以及連結自己感受，能夠覺察及連結到自己的感受已經是走了一大步。然後，我們便能更容易覺察和連結別人的感受。第二步是看到我們對自己和對他人所下的判

斷，這是很實際的，不難做到，嘗試去理解自己和理解對方都是很實際的做法。當能覺察和連接自己的感受時，已經能讓自己安穩下來了。如果我們不覺察自己的感受，我們的感受會「騎劫」我們。

問 2：
我與學習非暴力溝通的朋友相處，她説：「我需要被尊重、空間、自由。」我聽了，我想你説了你的需要，我是不是要滿足你的需要？還是我要滿足我的需要？大家都説自己的需要時下一步又如何呢？

答 2：
我們每一個人都需要滿足自己的需要，以及找出滿足自己需要的策略。我們不用太擔心如何去滿足別人的需要。譬如某人説他需要尊重，這是他的需要，下一步他怎樣用某一種策略去滿足需要呢？我們的文化習慣，是聽到別人的需要時，會有壓力，會感到害怕，因為覺得好像聽到後就要去為對方滿足它，這是我們的慣性，所以有時候不敢走近他人那裏。你最好不要説給我聽，我不想知道，知道後就感到壓力，好像要想辦法來滿足你，這是我們的文化和習慣。然而，對方可能只是純粹需要表達，事實上，他是有權表達他的需要。問題是，我們聽後是否一定要去做些甚麼呢？這是值得我們反思的問題。這也帶出一點事實，就是如果我們表達了需要，而沒有説出請求的話，這樣會為對方構成壓力，這點我

們在日常溝通中要多加留意。人們有權自由表達自己的情緒、需要，我們容許別人自由表達他自己的感受和需要，同時，清楚知道他們要為自己的情緒和需要負責，我們則為自己的需要負責，這樣便有一定的界限。另外，非暴力溝通的第四步是請求，我們說了自己的需要後，也要清晰和具體地說出請求。

問 3：

對方未必接觸過非暴力溝通，他長期做了一些事刺激我，產生衝突，除了自我同理外，我可以怎樣跟他相處？

答 3：

我們每一個人都要為自己的感受負責，不能要求別人為我們的感受負責。每一個人都要用自己的方式去滿足自己的需要，我們不能要求別人來滿足我們的需要。我們只能改變自己，因為只有我們才明白自己、理解自己，去改變他人都是浪費時間。我們不需要去滿足別人的需要，我們是要找方法滿足自己的需要。我們有自己的需要，便要去滿足自己的需要，不過，我們可以去請求別人來滿足自己的需要，做一些具體的事情去幫助我們滿足自己的需要，例如肚餓，我們可以找朋友買一些食物給我。

問 4：

如何從感受找到需要？當感受很強烈、很痛苦，未能找到需

要，可以怎樣呢？

答4：

感受自然會帶我們去到需要那裏，只是有時候，我們沒有足夠的耐性與自己的感受相處、共處，因此未能尋到需要。此外，更重要的是，我們得學習怎樣與感受共處，不只是技巧，而是藝術。對於喜歡的感受，我們就想它久留一些，不喜歡的，就想逃離或壓抑。怎樣可以與感受好好共處，是一個很大的學問。

問5：

為何學習非暴力溝通？修習正念不就足夠了嗎？

答5：

非暴力溝通是關於溝通，能夠與人連結，它能提升正念的修習。非暴力溝通和正念互為表裏，相互包含。有正念修習的基礎，更容易學習非暴力溝通；學習了正念，再去學習非暴力溝通，生活中實踐起來更容易。

問6：

如何有效地管理情緒？

答6：

「如何有效地管理情緒？」這是在問：「如何有效地與自己的感受連結？」這是說我們如何去接觸自己的感受，而不是說管理

我們的感受。之前提到傑夫・福斯特（Jeff Foster）〈讓感覺打開你的心扉〉那首詩，它能捕捉到非暴力溝通的精髓——不要壓抑我們的情緒，學習去接觸它們，找出適當的方法接觸它們。

問 7：

非暴力溝通如何幫助我們平和地表達自己呢？

答 7：

非暴力溝通不是關於平和地表達。馬歇爾說非暴力溝通是將注意力專注在需要上。換句話說，我們不聚焦於對方怎樣回應，而是放在需要上。非暴力溝通的目的不是要變得平和，不是要有共同的意見，也不是要改變對方的想法，而是連結對方，聚焦點永遠放在自己和對方的需要上。

問 8：

非暴力溝通它不修理甚麼、不改正錯誤，那麼它實際是做甚麼呢？

答 8：

非暴力溝通就是讓我們看清楚事物，看清楚時，我們就能看到事物的整全圖畫，而非只看到事物的局部。非暴力溝通不是去解決衝突，而是看清楚衝突，所以就沒有甚麼矛盾要解決了。這個角度不是那麼容易掌握，因為我們常常執着對錯

的思維，判斷自己是破碎的，或判斷自己有錯，嘗試去找答案，去修理。非暴力溝通只是把事物看得更清楚，聚焦清楚，把事物看通透，這與我們慣常的生活方式和生命態度很不相同。我們以感受為例，非暴力溝通是學習如何與感受同在，沒有甚麼要改正或修理。當感受出現時，我們全然地去接受它，如此我們便能夠把它看得越來越清楚，看見這些感受是我們自身的一部分。

問 9：

如何面對衝突？

答 9：

我們常說非暴力溝通的目的是連結，其實它的目的不是連結，因為我們所有人已經在連結中。非暴力溝通的目的是發現我們的連結，並活在連結中。任何衝突、矛盾，都只是誤解，沒有真正的衝突。面對衝突時，我們一般是戰鬥、逃跑、僵住，非暴力溝通則是選擇走近衝突，與衝突同在，甚至去擁抱衝突，去熟悉、了解衝突。我們走近衝突，不是指聚焦於衝突中，而是全然存在於衝突中。當我們與某人有衝突時，我們不去判斷對方有甚麼錯，或是我們有甚麼錯，而是了解他們的需要和我的需要，把焦點放在需要上。這是有別於其他一般對待衝突的方法。

問 10：

為甚麼你說沒有「豺狗語言」？

答 10：

學習非暴力溝通，開始的時候，我們說有兩種不同的語言——「豺狗語言」和「長頸鹿語言」。但之後，我們說是沒有「豺狗語言」，只有「長頸鹿語言」。「豺狗語言」只是「長頸鹿語言」出了問題而已。說世上不存在對錯的問題，這個說法對我們來說非常難理解，因為我們是在這樣對錯的框架下成長的，我們不容易放下對錯的框架，這是我們的困難。

問 11：

說「判斷是未被滿足的需要之可悲表達」，為甚麼又說判斷是美麗的事？

答 11：

判斷是未被滿足的需要之可悲表達。當你說你飢餓，你是在表達你的需要。但如果你說你懶惰，你沒有做好你的工作，來表達你飢餓而沒有食物，這便是可悲的表達。我們說判斷，大多時候是說關於負面判斷，這就是為甚麼說這是基本需要的可悲表達，因這不能幫助你連結。甚至你說很美味，這能與人帶來連結，對方聽到時也許感到開心，因為有人欣賞自己所做的。但即使如此，我認為這不能幫助連結，因為我們在做別人喜歡我們做的事。判斷不論是正面還是負面，都不是最好的連結策略。

判斷是在告訴我們需要是何等重要，當需要得不到滿足，判斷便出現，當需要得到滿足時，我們的判斷可能不存在了。需要得不到滿足時，我們會找尋不同的方法去表達。所以，判斷不只是可悲的表達，它同時是在表達我們極度渴望、在乎的需要、價值。基本上我們所做的一切，我們所有的行動，都是在嘗試滿足需要。判斷在告訴我們其背後的需要對我們是何等重要！所以，把需要連結到判斷是一件美麗的事！

非暴力溝通聚焦於需要上，判斷是非常有價值的。只要面向需要，判斷就非常有用和有幫助。判斷只有指向需要，才會有用。如果你了解別人的需要，你便開始了解其他人，不是你的判斷，而是你的需要。判斷出現時，與判斷同在，接待及擁抱判斷，直指需要，這樣便能幫助我們明白他人。

判斷不能幫助我們連結，這是非暴力溝通對判斷唯一反對的。判斷的價值只在於當它指向我們的需要或他人的需要時。

問 12：
非暴力溝通說要滿足自己的需要，如果常常強調滿足需要，會否令我們變得很自大或變得很自私？

答 12：
我們所做的一切都是在滿足我們的需要，但不是說每一次都要滿足到我們的需要。其實，無論我們做甚麼，都是在嘗試滿足我們的需要。

問 13：

日常生活中，特別是工作中，很多事情是有限期的，或者要滿足某些要求的，當與人合作時，難免會有要求，如何將之變為請求？

答 13：

就算有時間壓力，我們都可以做出請求，而非命令或要求，即我們請求對方做事，但允許對方有說不的自由。我們請求對方做事，可能是有時間壓力的，我們都要理解和覺察。我們提出這個請求的需要是甚麼，因為有時對方不明白我們背後的需要是甚麼。提出請求可能是很急切，但也要讓對方清楚、明白我們為何提出這個請求，請求背後的需要是甚麼。非暴力溝通最重要的是連結，因此常常問：「我們在連結嗎？」這很有幫助。

問 14：

你說：「不論正念還是非暴力溝通，都不強調要學習甚麼知識，而是要捨棄以往所學的東西（unlearning）。」關於此，可以多說一點嗎？

答 14：

我們一旦修習正念或實踐非暴力溝通，我們就會開始看見自己的慣性反應模式，體會它們對生命流動的障礙。我們得把那些過去所學、對生命再沒有幫助的東西捨棄。當我們開始

捨棄舊習，我們便開始發現我們內在有很多寶藏，很多美麗的東西，它們早已經存在那裏，只是我們沒有留意、覺察，而把它們忽略了。捨棄舊習，我們能重新發現生命，活出生命。重要的是我們不集中去學習甚麼，而是聚焦於生活，聚焦於去活出它，給予它生命的形式，它是一個活生生的過程，在生活上顯示出來。如果我們着眼於要去掌握、學習甚麼，我們將越難理解、抓住，因為學習的過程，它本身就包含要捨棄舊有所學的東西。所以，最好的學習方式，就是生活過程，在生活上顯示出來。

過往，我們學習了的語言和思想，它們充滿判斷，現在要把它們棄掉，重新回到我們原本純真的生活方式。正念強調覺察的修習，着重轉化無意識的慣性反應，修習正念能幫助我們越來越覺知自己的習性，從而能從習性中解脫出來，使我們活得更有生命力。正念就是捨棄舊習的一種修習！

非暴力溝通強調捨棄後天學回來的判斷話語和思想，馬歇爾說非暴力溝通並非一種新的語言，而是我們一出生就會説的語言，也是我們唯一會説的語言。當嬰兒需要甚麼東西時，他們會哭，滿足了需要後，他們就會笑，就是這麼簡單。這簡單的語言，我們早已認識它，只是忘記了而已，因為我們後來學習了其他的語言。我們後來學習的語言，是判斷的語言，這種語言我們經常使用，只要稍作留意，就會發現我們時時刻刻都在判斷，不論在思想和言語上都如是。馬歇爾將

語言歸類為「豺狗語言」和「長頸鹿語言」，這非常有幫助，清楚指出捨棄，就是轉化豺狗語言為長頸鹿語言。可是馬歇爾並不是要我們清除豺狗語言，不是要我們停止說這種語言，而是要接納它。是豺狗語言還是長頸鹿語言不是問題，它們其實是相同的，都是發自內心的聲音，只是豺狗語言不能幫助他人明白我們。譬如，有人因憤怒而作反應，憤怒中他說豺狗語言是很正常的，對於真正懂得非暴力溝通的人是能夠聽到說話者的內心聲音，即是能夠理解說話者背後的感受與需要，也能理解說話者的這種說法無法讓人更明白他，他正在為自己帶來痛苦。實踐非暴力溝通，透過語言，我們很容易知道自己說的話是不是判斷語言，熟練時，我們會立刻知道這是否判斷，也很容易聆聽到其背後的感受和需要。

問 15：

非暴力溝通如何幫助修習正念？

答 15：

非暴力溝通是關於語言，它的語言能幫助正念修習。正念與非暴力溝通都是關於人的存在（being）修習，正念所強調的注意力、不判斷、覺知，所有止觀的修習，都是關於我們的存在修習。非暴力溝通常常問的關鍵問題：「我們內在當下活現的是甚麼？」在當下，無論發生甚麼事，我們的焦點都是放在感受和需要上，把我們內在的感受與需要，即是我們的「存在」部分，用語言溝通出來。生活中與人溝通我們需要語言，

能夠表達感受和需要非常重要，這是非暴力溝通對正念修習的重要貢獻。能夠把我們的「存在」部分溝通出來是重要的，這方面非暴力溝通發揮了作用。

非暴力溝通所運用的語言能清楚讓我們知道自己當下所處的狀況——此刻我們是用頭腦說話還是用心說話？我們此刻是活在判斷還是慈悲中？我們表達的是想法還是真實感受？這都能提醒我們是不是活在當下。

我們的感受有很多，且很細微，它們時刻變化、演變，我們未必能把它們命名。非暴力溝通很強調感受，對感受有清晰的表達，這能幫助正念對感受覺察的修習。情緒強烈、難以表達自己時，一般人沒有太多的詞彙去描述感受，這方面，非暴力溝通能給予強大的支持，它告訴我們怎樣運用語言，表達感受以及感受背後的需要，幫助我們脫離情緒的操控。

問 16：
正念如何輔助修習非暴力溝通？

答 16：
正念和非暴力溝通均是強調活在當下，兩者的修習之真正目的是能夠回到當下！馬歇爾所講的都是當下，他不講過去、將來，他所講的每一件事都連結到當下，沒有當下的根基，我們很難實踐非暴力溝通。正念，就是覺察當下正在發生的事，修習正念就是做每一件事都回到當下，覺知內在、外在

所發生的事。正念修習把我們帶回當下，非暴力溝通四個步驟只能在當下才能實踐，一旦離開了當下，我們所做的就不是觀察、感受、需要和請求了，而是評論、想法、判斷。活在當下是活出非暴力溝通的基礎。

臨在是正念核心。如果我們真正修習正念，我們便經常能夠臨在。正念提供了很多很好的方法，培養我們的臨在，非暴力溝通卻沒有怎麼強調臨在的培訓。活出非暴力溝通需要很高的臨在，臨在是實踐非暴力溝通的基礎。如果我們想聆聽他人，我們便需要為他們臨在，如果我們想與某人溝通，我們亦需要臨在。

正念對於活出非暴力溝通很重要，有了正念修習的基礎，學習起非暴力溝通會容易許多。把正念融入非暴力溝通，實踐起來會感到更自在。學非暴力溝通時，我們很容易將之視為「技巧」來應用，然而它不只是技巧，有了正念輔助，我們便不會把非暴力溝通作為技巧來用，而是內心的自然流露。

生活中需要跟人溝通，與人溝通，需要使用語言，然而，語言有它自身的限制，因為語言是我們腦袋、心智所編造出來的，它並非是我們的存在部分。非暴力溝通的語言模式——觀察、感受、需要、請求，已是盡其所能連結到我們的存在部分了。當正念修習融入非暴力溝通時，它便給予非暴力溝通生命了，免於迷失於語言文字的危險。把正念加進非暴力

溝通時，我們更能全面地活出非暴力溝通，活出它的本然，活出它的整體性。

正念不帶判斷、覺察的修習，對非暴力溝通的觀察修習非常有幫助，幫助我們避免跌入評論、判斷之中。正念修習，特別是身體掃描或深度放鬆修習，培育我們對身體感知的敏感度，能幫助我們更敏銳覺察感受。正念修習，是關於接納，接納喜歡的或不喜歡的，如此，正念修習便能幫助我們停留及陪伴感受，讓我們更深刻地覺知自己的感受，幫助我們進一步聆聽到感受背後的真正需要。

正念修習幫助我們重新連結真我，活出真我，非暴力溝通的各種修習，需要在真我呈現時才能真正發揮其果效，否則就是「做」非暴力溝通了，而非「活出」非暴力溝通。

附錄

體驗練習

我曾替「Life Infinity」Ads錄製了三段的修習錄音——「覺察呼吸」、「回歸身體，關顧身體」和「溫柔面對緊張、壓力與情緒」，它們的長度分別是 2 分鐘、5 分鐘和 10 分鐘。下面是該三段修習錄音的文字稿。

1.「覺察呼吸」練習

邀請你調整身體，讓身體保持中正、放鬆，面帶微笑。你將會聽到一下鐘聲。

（鐘聲一下）

隨着鐘聲，慢慢將手放到你的小腹上，可以的話，請輕輕合上眼睛，將注意力放到小腹上。

（停頓兩個呼吸）

你也許留意到當你吸氣時，小腹上升；呼氣時，小腹下降。吸，上升；呼，下降。吸氣，小腹上升；呼氣，小腹下降。就這樣，將你的注意力放在小腹的升降上，留心、觀察小腹的一升一降，享受呼吸，直到鐘聲響起。

（停頓）

（鐘聲兩下）

2.「回歸身體，關顧身體」練習

（一下鐘聲）

吸氣，覺知自己正在吸氣；呼氣，覺知自己正在呼氣。吸，呼。

吸氣，覺察身體；呼氣，感受身體。

吸氣，覺察頭部；呼氣，感受頭部，對頭部微笑。

吸氣，覺察面部；呼氣，感受面部，對面部微笑。

吸氣，覺察頸部；呼氣，感受頸部，對頸部微笑。

吸氣，覺察肩膀、手臂、雙手；呼氣，感受肩膀、手臂、雙手，對肩膀、手臂、雙手微笑。

吸氣，覺察胸部；呼氣，感受胸部，對胸部微笑。

吸氣，覺察腹部；呼氣，感受腹部，對腹部微笑。

吸氣，覺察背部；呼氣，感受背部，對背部微笑。

吸氣，覺察臀部；呼氣，感受臀部，對臀部微笑。

吸氣，覺察大腿、小腿、雙腳；呼氣，感受大腿、小腿、雙腳，對大腿、小腿、雙腳微笑。

吸氣，覺察全身；呼氣，感受全身，放鬆全身。

吸氣，覺知自己正在吸氣；呼氣，覺知自己正在呼氣。吸，呼。

（兩下鐘聲）

3.「溫柔面對緊張、壓力與情緒」修習

（一下鐘聲）

隨着鐘聲，慢慢地吸氣，慢慢地呼氣，吸、呼。吸，呼。吸、呼。

你可以按照你的速度，慢慢地吸，慢慢地呼。

（停頓三個呼吸）

吸氣，覺察身體；呼氣，感受身體。

吸氣，覺察頭部；呼氣，感受頭部。

吸氣，覺察面部；呼氣，感受面部。

吸氣，覺察頸部；呼氣，感受頸部。

吸氣，覺察肩膀、手臂、雙手；呼氣，感受肩膀、手臂、雙手。

吸氣，覺察胸部；呼氣，感受胸部。

吸氣，覺察腹部；呼氣，感受腹部。

吸氣，覺察背部；呼氣，感受背部。

吸氣，覺察臀部；呼氣，感受臀部。

吸氣，覺察大腿、小腿、雙腳；呼氣，感受大腿、小腿、雙腳。

吸氣，覺察全身；呼氣，感受全身。

吸氣、呼氣，留意一下身體有哪一部分感覺特別強烈、不舒服？

吸氣，吸到去最強烈、不舒服的地方；呼氣，放開、放鬆。

吸氣，吸到去最強烈、不舒服的地方；呼氣，放開、放鬆。

吸、呼。

（停頓三個呼吸）

吸氣、呼氣，留心一下此刻內心有甚麼感受？有甚麼思想念頭？它們當中有甚麼特別吸引你的注意？

覺察到時，你可以確認它，將它標明出來。譬如是憤怒，你可以在心裏說：「我留意到我內裏有一部分感到憤怒。我留意到我內裏有一部分感到憤怒。」你亦跟憤怒打一聲招呼，跟它說：「Hi，憤怒，你來了，我看見你呀！請坐！」然後，微笑，放開，回到你的呼吸之上。吸、呼。

（停頓三個呼吸）

吸氣、呼氣，此刻，邀請你將右手搭在左肩上，左手搭在右肩上。深深地呼吸，感受自己擁抱着自己的感覺，感受這份的關懷和支持。

如果你此刻正在受苦，你可以輕輕地在內心叫喚自己的名字，溫柔地跟自己說：「我知道你正在受苦，我關心你的苦，也關心你，我跟你在一起，與你同在，你並不孤單，我陪伴你，我愛你！」吸氣，呼氣，感受自己的陪伴。

（停頓三個呼吸）

吸氣，呼氣，請你輕輕地放開雙手。

當聽到兩下鐘聲後，請你慢慢張開眼睛。

（兩下鐘聲）

正念修習

1. 梅村傳統修習──正念鐘聲

「正念鐘聲」是指利用聲音來提醒我們回到覺知呼吸上。聽到鐘聲，我們停止說話、動作和思想，放鬆身體，面帶微笑，覺知呼吸。聽到鐘聲，我們停下來享受呼吸，重獲寧靜、安穩與平和，我們會變得自由、喜悅、真實。鐘聲幫助我們回到自己，回到當下，把心帶回身體的家。鐘聲幫助我們覺醒，釋放緊張、壓力，回復清新。

聽到鐘聲時，我們停下來覺察呼吸，當我們能留意到吸氣、呼氣時，我們就能把心帶回身體，與身體合一，讓心有機會休息。唯有身心合一，返回內在，返回當下，才能真正接觸到生命，才能覺知內外一切清新、滋養和療癒等美好生命元素，能把我們從擔憂、恐懼中釋放出來。

我們可視鐘聲為好朋友，它邀請我們的心回家，回到身體這個家，讓心有機會歇息。我們只需覺察地呼吸三次，便

能舒緩身心的緊張，並可回復冷靜和清明。我們可以將電話鈴聲，WhatsApp聲或任何其他聲音當作鐘聲，聽到時，停下來作三次有意識的呼吸，讓自己變得清新、平靜。

（參考一行禪師梅村的修習）

2. 深度放鬆

練習深度放鬆時，將注意力放到身體的不同部位，留意身體的知覺、感受，有沒有感覺並不重要，重要的是你留心身體的不同部位，接納任何的感覺感受，溫柔地對待之，聆聽身體的需要和「聲音」。將注意力放到身體，能幫助我們覺察身體裏積聚的緊張、壓力。對身體感受越敏銳，就越敏銳於情緒生起的過程，從而掌管自己的情緒，在情緒生起之初覺察，在情緒生起前疏解了。身體經驗情緒比心智經驗情緒更清晰。練習深度放鬆能幫助我們增強對情緒的覺知，掌管情緒。練習深度放鬆也幫助身心放鬆，改善睡眠質素，能提升專注力。此外，它亦能改變腦神經的腦島，增加我們的慈悲心。

「深度放鬆」引導語
（節錄自一行禪師《你可以不生氣》）

懂得讓身體休息非常重要，當身體感到自在而放鬆時，心就能得到平靜。練習「深度放鬆」，對於治療身

心是絕對必要的，所以請你經常花一點時間來做這些練習。雖然在此所寫的方法，需要花三十分鐘才能完成，但是你可以調整其中的內容，讓它更符合自己的需要。你可以把練習縮短成五至十分鐘，這樣每天起床後、就寢前或休息時，都可以練習，也可以加長或加深一點，最重要的是，好好享受它！

讓自己舒服地躺在地上或床上。閉上眼睛，四肢自然朝外，雙手放在身體兩側。

呼吸時，感覺整個身體都躺在地上。去感覺全身貼在地上或床上，包括腳後跟、臀部、手臂、手掌的後方與後腦勺。隨着每次吐氣，感覺身體越來越往下沉，慢慢地陷到地板裏。這時，放下所有的緊張與擔憂，甚麼都放下。

吸氣時，感覺下腹部正在往上升；吐氣時，感覺下腹部正在往下降。就這樣跟着呼吸，專注在腹部的起伏上。

現在，吸氣時，開始把注意力轉移到雙腳；吐氣時，讓雙腳完全地放鬆。吸氣，把你的愛傳送到雙腳；吐氣，對雙腳微笑。在吸、吐氣之間，想想能擁有雙腳是件多麼幸福的事。因為雙腳，平時能走路、奔跑、運動、跳舞、開車，還有做很多其他的事。將你的感謝傳達給雙腳，感謝它們總是在你最需要它們時，給你支持。

吸氣，開始把注意力移到右腿與左腿上；吐氣時，讓雙腿的所有細胞都慢慢放鬆。吸氣，對雙腿微笑；吐氣，把你的愛傳送到雙腿，感謝雙腿的強壯和健康。在吸氣、吐氣之間，把你的溫柔與關懷送給它們。讓它們休息，慢慢地沉入地板中，把放在雙腿上的所有壓力完全放開。

　　吸氣，慢慢地感覺雙手；吐氣，讓雙手的肌肉完全放鬆，把放在它們上面的壓力全部放掉。吸氣時，感受擁有這雙手是多麼美好的事；吐氣時，把你的愛與微笑傳送給它們。在呼吸之間，觀想因為雙手而能做多少事。你可以做飯、寫書、開車、與別人握手，可以抱小孩、洗澡、畫畫、玩樂器、打字，還能修理東西、拍拍小狗、握一杯茶，因為雙手，才能做這麼多事。好好地享受擁有這雙手的美好，讓雙手中的每個細胞都好好地休息。

　　吸氣，開始感覺雙臂；吐氣，讓雙臂完全放鬆。吸氣時，把你的愛傳送到雙臂；吐氣時，對它們微笑。花點時間感受雙臂的力量和健康，把你的感謝傳送到雙臂，感謝它們讓你能擁抱別人、盪鞦韆、幫助別人，還能辛勤地工作——做家事、除草，以及很多其他的事。

　　吸氣、吐氣，讓雙臂在地板上完全放鬆，好好地休息。每次吐氣時，感覺你將手臂的壓力慢慢釋放。當你

以正念擁抱手臂時，感覺手臂的每個細胞都那麼喜悅與自在。

　　吸氣，把注意力轉移到肩膀；吐氣，讓肩膀的壓力完全地流入地板裏。吸氣時，把你的愛傳送到肩膀上；吐氣時，充滿感激地對它們微笑。吸氣、吐氣，感受你是否把太多的壓力放在肩膀上，使它們都聚在那裏；吐氣時，讓這些壓力都離開肩膀，感覺肩膀愈來愈放鬆。把你的溫柔與關懷傳送到肩膀上，認知到你並不想讓它們如此緊張，希望它們能放鬆而自在。

　　吸氣，開始感覺心臟；吐氣，讓心臟休息。吸氣時，把你的愛傳送給心臟；吐氣時，對它微笑。在吸氣、吐氣間，感受能擁有一顆心臟在身體跳動，是件多麼美好的事。心臟讓你能夠活着，它每分每秒都陪伴着你，從未休息。它從你在母親子宮裏四個星期大時，就開始跳動了。這是多麼偉大的器官，讓你可以每天如此生活着。吸氣，覺察心臟是多麼愛你；吐氣，承諾用能使它正常運作的方式生活。每次吐氣時，讓心臟愈來愈放鬆，讓它的每個細胞都感到喜悅與自在。

　　吸氣，慢慢地感覺腸胃；吐氣，讓腸胃開始休息。吸氣時，把你的愛與感激傳給它們；吐氣時，輕輕地對它們微笑。當吸氣、吐氣時，想想這些器官對你有多重要，給它們一個休息的機會。因為它們每天都消化你所

吃的食物，給你需要的能量和耐力，你需要花一些時間來覺察並感謝它們。吸氣時，感覺腸胃正在放鬆，慢慢地釋放壓力；吐氣時，好好地享受能擁有腸胃的美好事實。

吸氣，把注意力放在眼睛；吐氣，讓眼睛與周圍的肌肉慢慢放鬆。吸氣，對眼睛微笑；吐氣，把你的愛傳送給它們。讓眼睛好好地休息。在呼吸之間，想想雙眼是多麼可貴。它們讓你可以看到愛人的雙眼、美麗的日落，讓你能讀書、寫字，能自在地移動，能看到空中的飛鳥，還能看電影。因為雙眼，你可以做這麼多事。用一些時間感謝擁有視覺的幸福，讓雙眼好好地休息。你可以輕輕將眉毛往上挑，讓眼睛周圍的壓力慢慢地釋放出來。

你可以繼續以同樣的方式放鬆身體的其他部位。

現在，如果身體有某個部位正感到疼痛，你可以花點時間感受它，把你的愛傳送給它。吸氣，讓它好好地休息；吐氣，繼續用你的溫柔與愛、對它微笑。試想想身體還有其他堅強而健康的部位，讓健康的部位把能量傳送給脆弱、生病的部位。吸氣，告訴自己有復原的能力；吐氣，放下帶給自己身體的所有擔憂與恐懼。在呼吸之間，以你的愛與信心，對生病的那個部位微笑。

最後，吸氣，感覺身體；吐氣，享受身體的每個感

覺，每個放鬆而平靜的感覺。吸氣時，對身體微笑；吐氣時，把愛與慈悲傳送到身體的每個部分，感覺身體的每個細胞正歡喜地微笑，感謝身體的每個細胞。然後，慢慢地把注意力放回腹部的起伏上。

如果你現在正在引導別人進行這項練習，或已經可以自在地練習「深度放鬆」，你就可以開始唱幾首輕鬆愉快的歌，或唱首柔和的搖籃曲。

最後，慢慢地張開眼睛，慢慢地起身，不要急，很平靜地、輕柔地坐起來。試着將剛才所聚集的平靜而充滿正念的能量一直維持到下次練習，讓自己整天都能保有這樣的能量。